RENATO ZACCHEDDU

MASTOPLASTICA MODERNA

Come Realizzare Il Tuo Sogno Estetico Sapendo Di Fare La Scelta Giusta Analizzando Tutte Le Possibilità

Titolo
"MASTOPLASTICA MODERNA"

Autore
Renato Zaccheddu

Editore
Bruno Editore

Sito internet
https://www.brunoeditore.it

Sommario

Per Elisa, mia figlia.

Tra le spinte motivazionali

la più vigorosa

Introduzione

La Mastoplastica è la chirurgia che si propone di modificare il seno abbellendolo. Sta alla mammella come l'addominoplastica sta all'addome o la rinoplastica al naso. Nel parlar comune si usa invece molto più spesso il termine "seno rifatto". Esso, in realtà, è solitamente usato per indicare quella che è più propriamente chiamata Mastoplastica Additiva. Ovvero l'aumento di seno tramite l'utilizzo di protesi di silicone. E frequentemente anche con un'accezione vagamente negativa o, quantomeno, di scarsa naturalità.

Tuttavia, per completezza, è necessario dire che un seno è "rifatto" (chirurgicamente, va da sé) pure quando è rialzato (tecnicamente, Mastopessi) oppure ridotto (Mastoplastica riduttiva).

Ho deciso di scrivere un libro sulla chirurgia estetica del seno poiché penso di avere qualche cosa da dire a riguardo. Qualche cosa insegnatami dall'esperienza, dalle conoscenze acquisite, dallo studio, e dall'avere avuto la fortuna di incontrare durante il mio cammino delle eccellenze disposte a mettere a disposizione il proprio sapere. Per incontrarle ho dovuto varcare i confini nazionali, una volta laureatomi in

Medicina e Chirurgia a Milano nel 1995.

Il primo passo fu l'Inghilterra. Volevo imparare a operare al meglio delle mie potenzialità, questa era la mia idea fissa. Ai tempi, 25 anni fa, le scuole di specialità chirurgiche in Italia erano, in media, un poco lacunose per i giovani medici che sognavano di divenire chirurghi. Con la speranza e augurio che siano migliorate oggi.

Finito il servizio militare, andai in Inghilterra, a Birmingham in particolare, nel 1997. Ci stetti fino al 2001 con una parentesi a Johannesburg, in Sudafrica. Mi mossi dall'Italia inizialmente per diventare chirurgo generale. Era quello, allora, il mio obbiettivo.

Si dice che la fortuna spinga chi si dà da fare, chi fa scelte, magari meno popolari, ma più coraggiose. E a volte, per puro caso, le circostanze portano a fare degli incontri che si rivelano determinanti tali da dare un corso completamente diverso al cammino che si stava o pensava di intraprendere. Questo concetto è spiegato magistralmente nel film *Sliding doors* in cui l'attrice protagonista, Helen (Gwyneth Paltrow), sta per entrare in una metropolitana. A questo punto la vita della protagonista segue due percorsi totalmente diversi. In un caso facendo in tempo a salirci. Nell'altro caso con le porte che le si chiudono in faccia.

Fu in Inghilterra che incontrai le mie "sliding doors": Giulio Gherardini e Paolo Cajano. Due medici italiani di grande valore, due chirurghi plastici, due amici che, prima di me, avevano avuto "l'ardire" di andare oltre confine per perfezionarsi, per migliorarsi. Per realizzare i propri sogni. Sono stati loro i miei primi mentori. Grazie a loro mi appassionai alla chirurgia plastica, ed estetica in particolare, abbandonando la chirurgia generale.

Fu grazie ai loro consigli che approdai nel 2001 in Brasile, a Rio de Janeiro. Lì c'era la scuola di specialità (c'è tutt'ora) in Chirurgia Plastica ed Estetica forse più famosa e prestigiosa al mondo: la Scuola del Professor Ivo Pitanguy, persona dallo spessore assoluto. Abile chirurgo quanto umanista di rilievo. Poliglotta, amante e profondo conoscitore dell'Arte. Considerato indiscussamente uno dei Padri della Chirurgia Plastica per oltre 50 anni.

Quando penso a lui e alla chirurgia estetica del seno mi viene sempre in mente il film *L'attimo fuggente* in cui, all'inizio, il professor Keating (Robin Williams) fa leggere un testo in cui l'autore sosteneva che, per capire la grandezza di una poesia, era necessario fare un calcolo simile a quello geometrico di un'area disposta tra i due assi cartesiani. Testo che poi veniva riletto nella celeberrima scena finale.

Il professor Pitanguy, amante dell'armonia delle forme, del loro equilibrio, per alcuni aspetti, mi pareva un poco come Keating. Ricordo che quando noi, medici specializzandi, eravamo in sala operatoria a impostare la marcazione del seno della paziente che poi avremmo operato, lui entrava e in pochi secondi ci correggeva stabilendo i limiti entro i quali avremmo dovuto operare. Non usava alcuna misurazione in centimetri. L'unico punto di riferimento era il solco inframammario.

Non l'ho mai visto misurare i centimetri della posizione dell'areola rispetto alla clavicola, per esempio. Cosa che è invece un must assoluto in molte altre scuole nel mondo che mi è capitato di visitare. Le quali sono, forse troppo spesso, alla ricerca di misurazioni e numeri a sostenere la propria azione chirurgica. E magari anche insicurezza.

L'abilità del chirurgo deve portarlo a "capire" il seno che sta operando quasi solo guardandolo. La bellezza del corpo, del resto, non ha bisogno di misurazioni e ragionamenti per essere compresa. È una sensazione di piacevolezza totale e immediata. Una percezione subitanea, un moto istintivo della mente.

Nella Scuola del Prof. Pitanguy mi specializzai in Chirurgia Plastica ed Estetica alla fine del 2003. Dopo la formazione brasiliana tornai in Inghilterra nel 2004 e successivamente anche in Italia. Nel Regno Unito ebbi la fortuna di poter lavorare in una grossa struttura privata capace di raccogliere un grande numero di pazienti a livello nazionale grazie a importanti investimenti di marketing. Essi venivano poi operati da un team di chirurghi del quale facevo parte. Questo mi ha permesso di accrescere la mia esperienza sul campo in modo rapido e nel giro di pochi anni, arrivando a numeri considerevoli.

Nel frattempo, tornavo con una certa regolarità anche in Italia, a Milano, pur rimanendo svolto oltremanica il grosso del mio lavoro. Gli anglosassoni hanno un comune detto che recita così: «*Practice makes perfect*». Vale a dire che si possono raggiungere livelli elevati nella propria competenza solo praticandola continuamente, con perseveranza. Questo vale per ogni forma di attività umana. Ma ancora di più per un'attività manuale quale è quella del chirurgo.

Il percorso è ancora più rapido e ulteriormente ottimizzato se si parte da una buona base, da dei buoni insegnamenti, dall'avere avute degli eccellenti maestri. Questo, infatti, permette di bypassare degli errori di tecnica e impostazione che, se non ce se ne accorge e li si corregge subito, poi si rischia di portarseli dietro per anni, se non per sempre. Poiché, semplicemente, si tende a ripeterli all'infinito. Quindi, in realtà, "practice makes perfect" se si parte da una corretta base.

Gli anni di intenso lavoro, soprattutto inglese, mi hanno quindi permesso di rinforzare notevolmente le conoscenze apprese a Rio de Janeiro. Al punto da poter contare su una casistica di assoluto rilievo che supera, a oggi, i 4.500 pazienti per quel che concerne la sola chirurgia estetica del seno. È sulla base della solidità di tali numeri che vorrei accompagnarti in questo viaggio alla scoperta dei segreti e consigli del chirurgo quando decide di abbellire il seno.

Durante la lettura troverai inevitabilmente una quota d'informazione puramente tecnica, peraltro necessaria per capire meglio il soggetto principale, la mastoplastica appunto. Ho cercato di esporla in un linguaggio, spero, comprensibile. Per poi amalgamarla a vari altri argomenti che gravitano attorno a questo mondo, rifacendomi alle più comuni domande che mi rivolgono i pazienti. E cercando di dare ad esse delle risposte.

Insomma, lo considerei uno scritto utile se fossi una donna interessata a questo argomento, che abbia già una intenzione formata di realizzare un sogno capace di dare una velocità diversa alla tua vita. Ma potrebbe pure essere di ausilio se, magari, non ti trovassi in quella situazione che definirei piuttosto "avanzata". E semplicemente volessi capire di più su un argomento dibattuto abbastanza comunemente tra donne.

Immagino anche che tu possa essere un uomo e avessi la fidanzata o la moglie che te ne sta parlando ormai quasi a giorni alterni. Per capirci almeno qualche cosa in più, ed eventualmente conversare con lei di questo argomento su una base di conoscenze più solide.

Per finire, potresti essere un collega che ha scelto di andare a fondo su altri aspetti della medicina, quindi senza una conoscenza specialistica della materia in esame. Penso, per fare un esempio, che tu possa essere un medico di medicina generale, abituato a raccogliere spesso le confidenze dei tuoi pazienti. La conoscenza del contenuto di questo libro sarebbe un modo efficace per dare delle linee guida, delle risposte certe alla paziente che decidesse di iniziare da te il proprio cammino.

Buona lettura.

Capitolo 1:

Il seno a tutto tondo

Conosciamo il campo di battaglia…
Inizierei con lo spiegarti cosa rappresentino, come siano fatte come si comportino le mammelle di una donna.

I perché del seno
Il seno è una parte del corpo femminile che ha un enorme valore e significato perché.

- Identifica la donna come tale in quanto rappresenta una delle parti del corpo che più visibilmente la differenziano dall'uomo. È quindi uno dei caratteri portanti e distintivi della femminilità.

- Il seno è il simbolo della maternità, la prima fonte di nutrimento e vita dei neonati.

- Il seno raggiunge la sua massima espressione anatomica e di funzionalità negli anni in cui la donna è più fertile. Quindi non si può non considerare la fondamentale correlazione con la fertilità.

- Essendo una nota zona erogena del corpo della donna, ha molto a che fare con la sua sessualità.

- Regola in modo importante la sua autostima, elevandola o

abbattendola a seconda delle situazioni.

- C'è poi il lato estetico, correlato quindi più direttamente alla pura apparenza. Un bel seno gioca indubbiamente un ruolo chiave nel definire il grado di:
  o Bellezza
  o Attrattività
  o Sensualità

Ecco allora che un seno che non sia sufficientemente sviluppato (oppure troppo) o che, per varie ragioni che vedremo, perda la sua forma, potrebbe andare a minare gli aspetti appena citati. Da qui la comune richiesta a porvi rimedio e al collocare la chirurgia del seno come la più eseguita in assoluto tra i vari interventi di chirurgia estetica.

Alcuni cenni di anatomia

Devi sapere che sono varie le componenti anatomiche del seno. Nell'analizzarne la struttura e composizione possiamo partire dall'involucro che lo contiene: la pelle. A questo livello, approssimativamente nella sua porzione centrale, troviamo una formazione vagamente rotondeggiante, dai margini irregolari, più scura di colore, con una superficie più rugosa: l'areola. Al suo centro si erige poi il capezzolo con una proiezione che può essere molto variabile.

L'involucro cutaneo che, abbiamo appena detto, rappresenta il contenitore è connesso a un sistema di fini legamenti interni (di Cooper) i quali, attraversando la ghiandola, si dirigono profondamente mettendolo in connessione alla fascia che ricopre il muscolo grande pettorale.

Il corpo centrale è invece rappresentato da due macro-componenti frammiste tra loro le quali determinano il volume e la pienezza della mammella:

1. La ghiandola mammaria, molto variabile nel tempo. Più florida nell'età fertile, si ipertrofizza durante la gravidanza e allattamento. Dopo la menopausa invece si atrofizza.
2. Il tessuto adiposo, anche questo più o meno rappresentato a seconda della componente adiposa individuale e dell'età (tende ad aumentare dopo la menopausa).

Andando più profondamente troviamo poi altre due strutture che rappresentano la base su cui poggia il seno:
- Il muscolo grande pettorale, appena sotto la ghiandola mammaria.
- Esso, a sua volta, è disteso sulle coste che formano la gabbia toracica.

Vorrei tu notassi a questo punto che non c'è alcuna struttura portante interna quale possa essere un osso, per esempio. L'unica responsabile nel sostenere il peso del seno è l'impalcatura costituita dall'involucro cutaneo unitamente al sistema fasciale-legamentoso che ti ho menzionato poc'anzi.

A cosa serve?

Potresti chiederti ora quale sia la funzione del seno. Probabilmente lo intuisci già. Tra i significati che gli abbiamo appena attribuito, la fertilità e, soprattutto, la maternità, sono i due correlati alla sua principale funzione: l'allattamento.

Riprendendo un poco l'anatomia di cui sopra, le parti deputate all'allattamento hanno a che fare principalmente col tessuto ghiandolare e quella parte di tessuto cutaneo specializzata che è il capezzolo.

- Il latte è prodotto negli alveoli (le unità secernenti) i quali sono organizzati in lobuli a formare poi delle strutture più grandi detti lobi.
- Da ogni lobo si dipartono poi i dotti galattofori che arrivano al capezzolo dove veicolano il latte.
- Da qui al neonato durante la suzione tramite dei pori presenti nella parte più esterna del capezzolo.

La seconda importante funzione, benché secondaria rispetto all'allattamento, è rappresentata dal fatto di essere una zona erogena. Giocando pertanto, come già detto, un ruolo primario nella sessualità della donna.

Il seno e la sua forma perfetta: esiste?

Prima di entrare nel vivo di questo libro a partire dal prossimo capitolo, vorrei soffermarmi brevemente sul perché sia fuorviante associare alla chirurgia estetica in generale, e quindi anche del seno, l'idea di perfezione.

Essa è un concetto su cui hanno posto le attenzioni somme menti nella storia dell'umanità, già a partire dall'Antica Grecia. Sulla base di questo, potremmo dire che è ciò che definisce un oggetto come al suo limite massimo d'evoluzione, privo di difetti e compiuto. Una lettura più profonda potrebbe vedere nel concetto di perfezione anche una sorta di immobilità. E quindi, al limite, applicabile ad una entità inanimata.

Per quanto si possa tendere ad attribuirle un valore oggettivo, il concetto di "perfezione" applicato al corpo umano è piuttosto legato a una interpretazione e quindi a qualcosa di soggettivo. Interpretazione che non può non considerare anche culture e periodi storici in cui è contestualizzata.

Da aggiungere poi che il corpo umano, come anche il seno che di esso fa parte, è tutt'altro che privo di difetti. Anzi, lo definirei un conglomerato di piccoli difetti e asimmetrie. Non parlo di quelle caratteristiche che non ci piacciono, ma di tutte le apparenti "inesattezze" di cui si compone per natura. Con riferimento al seno in particolare, te ne parlo in modo più dettagliato nell'ultimo capitolo del libro.

Aggiungerei che in chirurgia estetica, si sono fatti studi e ricerche per cercare di definire la forma perfetta del seno. Leggendo un poco nella letteratura a riguardo si vorrebbe che la perfezione del seno sia data da due numeri in particolare: 45 e 55. Ovvero:

- 45% del volume deve stare nel polo superiore della mammella
- 55% del volume deve stare invece nel suo polo inferiore.

Numeri stabiliti dall'osservazione di seni reputati attraenti in varie etnie. Essi sono accettabili solo se vengono poi considerati, e soprattutto ben capiti dal paziente, come un riferimento approssimativo. Qualcosa a cui tendere, insomma. A cui avvicinarsi. Infatti ben sappiamo come la medicina sia tipicamente fatta da molteplici gradazioni, per ogni suo aspetto. Pertanto è abbastanza "pericoloso" per il paziente fissarsi su dei numeri assoluti.

Applicare dimensioni precise al corpo umano, come fosse una struttura statica e immutabile, mentre invece esiste solamente in un flusso di continue modificazioni durante tutta la vita, non è forse il modo migliore di porsi quando si vuole migliorare qualche parte del proprio corpo. Esso infatti è in continua evoluzione. Lo cambiano le stagioni della vita, ma anche variabili quotidiane, quali la ritenzione idrica, il sonno, ciò che mangiamo, ciò che facciamo o gli agenti esterni.

La perfezione pertanto è, nella realtà, qualcosa di innaturale, non propria dell'essere umano. Il fuorviante concetto di "perfetto" dovrebbe piuttosto essere sostituito con ciò che è comunemente definito bello. Vale a dire a qualcosa che piaccia immediatamente e in modo istintivo quando lo si guarda, come suggerivo nella introduzione. E questo viene solitamente ottenuto quando si crea un buon bilanciamento tra i volumi, posizioni e proporzioni delle diverse parti in gioco (seno, torace, spalle, addome e bacino). Tale armonia può esistere molto bene anche in presenza di moderate asimmetrie del seno stesso oppure del torace.

RIEPILOGO DEL CAPITOLO 1:

- SEGRETO n. 1: Il seno ha un impatto fondamentale nella psicologia della donna contribuendo al suo essere tale nelle varie interazioni sociali e di coppia.

- SEGRETO n. 2: I due componenti principali del volume del seno, ghiandola mammaria e tessuto adiposo, possono cambiare varie volte nel corso della vita.

- SEGRETO n. 3: - L'involucro cutaneo è il solo responsabile del supporto della mammella.

- SEGRETO n. 4: La funzione principale del seno è quella di allattare.

- SEGRETO n. 5: La perfezione non è applicabile al corpo umano, caratterizzato invece da tanti piccoli difetti e asimmetrie.

- SEGRETO n. 6: Il chirurgo dovrebbe mirare ad una armonia ed equilibrio tra le varie parti. Non alla vana ricerca della perfezione e della simmetria.

Capitolo 2:

Mastoplastica additiva: dove, come, cosa

E l'autostima ringrazia…
Eccoci a quello che nell'immaginario collettivo è l'intervento che ha portato alla comune definizione di "seno rifatto". Un seno che sia visibilmente prominente, innaturalmente rotondeggiante e pieno nella sua parte superiore, che non si muova, che stia "su" da solo senza dover usare più il reggiseno. Finalmente!

Insomma, tutto quello che non è (o non dovrebbe essere) la mastoplastica additiva. E, devo dirti, tutto quello che non è per la maggior parte dei pazienti che si sottopongono a questo intervento.

La naturalità del risultato deve sempre essere il principio fondante attorno al quale si esegue qualsiasi intervento di chirurgia estetica. Ti spiego tra poco come questo obiettivo possa essere raggiunto. Prima, però, è bene che tu sappia almeno i momenti fondamentali di questo intervento. Il quale consiste nell'inserimento di una protesi in gel di silicone dietro il seno ad aumentarne il volume. È una chirurgia che può essere fatta in anestesia generale oppure in sedazione profonda con anestesia loco-regionale. Normalmente in regime di "Day Hospital". Inizierei col parlarti del posizionamento della protesi.

Dove: la tasca o alloggiamento protesico

Sono due i piani di inserimento possibili. Il più superficiale è tra la ghiandola mammaria e il muscolo grande pettorale. Per tale ragione la mastoplastica additiva così fatta viene denominata sotto o retroghiandolare L'altra modalità è invece sotto il muscolo grande pettorale. La chiamerai quindi retro o sotto pettorale, definizione migliore e più precisa di retromuscolare. Cerco di darti ora qualche informazione in più per ognuna delle due tecniche chirurgiche.

Nella mastoplastica additiva sottoghiandolare la protesi sta sopra il muscolo ma completamente dietro al tessuto mammario. Trova la sua indicazione nelle seguenti realtà:

- La paziente desidera un aumento moderato del volume del seno e quindi è richiesta solo una piccola protesi. La protesi infatti, essendo più superficiale, sarebbe più percepibile se fosse molto voluminosa.
- Ci si trova di fronte a un seno con una componente adiposa ben rappresentata a rendere lo spessore cutaneo più consistente.
- Si ha già una misura di seno da una seconda in su. Pertanto

una ghiandola con un certo volume.

Esiste una sua variante in cui la protesi è collocata sotto la fascia che ricopre il muscolo pettorale: la mastoplastica additiva sottofasciale. Quindi ancora sopra il muscolo e totalmente coperta dalla ghiandola. L'idea è quella di coprire la protesi non solo con la ghiandola ma anche con la fascia muscolare. La quale è un sottile strato di tessuto fibroso. Ma reputato sufficiente per apportare una migliore protezione alla protesi. In generale non è una tecnica molto popolare tra i chirurghi.

Per quel che concerne la mastoplastica additiva sottopettorale (o sottomuscolare), lo spazio protesico è creato dietro al muscolo grande pettorale. La protesi si appoggia quindi su un piano a diretto contatto con le coste. Le indicazioni sono in un certo senso opposte a quelle che inducono a eseguire una mastoplastica additiva sottoghiandolare. Eccole:

- Paziente con una quantità di tessuto adiposo molto limitato. In altre parole, una paziente molto magra.
- Donne che partano più comunemente da una prima o da una seconda.
- Desiderio di aumentare il volume del seno in modo importante. Infatti nel caso di protesi grandi è ancora più necessario reclutare quanto più tessuto naturale della paziente

possibile, da avere sopra la protesi affinché questa non si veda.

- Come correzione di una contrattura capsulare (te ne parlerò più avanti) da mastoplastica additiva sottoghiandolare.

Anche in questo caso ne esiste una variante. Anche se molto più conosciuta: la mastoplastica additiva Dual Plane. Siccome è una tecnica di mastoplastica additiva piuttosto eseguita, potrebbe interessarti avere qualche dettaglio in più. Inizia allo stesso modo. Cioè si crea uno spazio chirurgicamente sotto il muscolo grande pettorale.

A questo punto faccio una piccola parentesi per definire l'anatomia di tale muscolo. Le sue fibre si attaccano alla clavicola e allo sterno per la gran parte del muscolo. Una piccola parte si attacca alle coste nella sua parte inferiore. Da queste tre aree di inserzione le fibre poi proseguono confluendo e attaccandosi all'omero.

Nella mastoplastica additiva Dual Plane le inserzioni basse del muscolo pettorale sulle coste vengono sezionate. Questo fa sì che la protesi, pur essendo coperta dal muscolo in buona parte, nella sua sezione inferiore sia lasciata libera di scivolare dolcemente verso il basso ad appoggiarsi sul polo inferiore della ghiandola mammaria.

Ne consegue che la parte inferiore della protesi (circa il 25-

30% almeno) non è coperta dal muscolo, ma dalla ghiandola mammaria. Da qui la denominazione Dual plane. Vuole infatti dire che la protesi viene posizionata in uno spazio in cui è in parte coperta dal muscolo (in maggioranza) e in parte dalla ghiandola. Un doppio piano insomma.

Ci sono poi delle varianti ulteriori all'interno della tecnica Dual Plane a seconda di quanto il muscolo è separato dalla ghiandola nella parte inferiore del seno permettendo una maggiore o minore discesa della protesi all'interno dell'involucro cutaneo che contiene la protesi. Qua però sto entrando molto nel tecnico e forse meglio fermarsi. I vantaggi quando si va a eseguire tale procedimento chirurgico sono indubbi.

- Come prima cosa i risultati offerti tendono a essere molto naturali poiché la protesi scompare completamente alla vista e al tatto.
- Infatti, come detto, la metà superiore o più (che è di solito la parte potenzialmente più visibile), sta sotto il muscolo. Quindi molto protetta. Mentre la parte bassa solo sotto la ghiandola. A quel livello la ghiandola mammaria è di norma molto più spessa andando a coprire bene ciò che sta sotto. In altre parole, per rendere la protesi percepibile nella Dual Plane bisogna veramente esagerare col volume.

Anche nella tecnica sottomuscolare pura la protesi è molto protetta. Anzi ancora di più poiché il muscolo copre anche la parte inferiore del seno. Questo però presenta due svantaggi non irrilevanti che non ha la tecnica Dual Plane.

1. Il primo è che la protesi, totalmente coperta dal muscolo, non viene lasciata scendere liberamente a riempire bene il polo inferiore, rimanendo, alla lunga (quando il seno inizia a scendere), troppo in alto rispetto al seno.

2. L'altro svantaggio è che le forti contrazioni del muscolo pettorale hanno un'azione sulla protesi che viene spinta un po' in alto e lateralmente generando una visibile deformità del seno al momento della contrazione. Questo fenomeno è molto meno ovvio nella tecnica Dual Plane, quando ben eseguita, poiché il muscolo, coprendola meno, agisce su di essa con molta meno intensità. Quindi il muscolo contraendosi muove molto meno la protesi.

Riguardo all'azione del muscolo dopo aver subito questo intervento, vorrei fare un cenno per quelle donne che lo usano molto per via di attività sportive. Come detto sopra, vengono sezionate solo le inserzioni del muscolo sulle coste. Queste però hanno un impatto minimo sulla forza espressa dal muscolo pettorale durante la contrazione. La quale dipende invece molto dalle inserzioni sullo sterno e sulla clavicola.

Che sono invece lasciate intatte da questa tecnica. Quindi anche le più sportive non devono temere un significativo calo della forza di contrazione muscolare.

C'è poi il discorso da fare della protesi in relazione al muscolo. Siccome il muscolo tende a schiacciarla un poco, ma solo nella parte alta appunto, ne consegue che il gel è spinto di più verso il basso. Effetto ancora più ovvio quando il gel di silicone è morbido. E ciò permette di ottimizzare la posizione della protesi in una tasca Dual Plane. Un seno è infatti naturale non quando ha l'aspetto "bombato" nel polo superiore (tipico di una protesi troppo grande, ancora di più se costituita da un gel poco morbido). Ma quando la sua pienezza maggiore sta dalla metà inferiore.

Finisco il discorso del posizionamento della protesi definendo meglio cosa significhi mirare a un risultato naturale, ovvero un risultato in cui la protesi non venga percepita. Eccoti tre semplici regole che ti chiariranno l'argomento:

1. Perché la protesi sia poco visibile è fondamentale come prima cosa la sua accurata scelta in base alla misura della base del seno e del torace. Un torace stretto non potrà mai accettare una protesi larga, per intenderci. Infatti quello che conta è il diametro della protesi in relazione alla base del seno. È importante che sia più stretto di essa.

2. L'altro grande aspetto è lo spessore della copertura tissutale. Quindi, a meno che una donna sia dotata di abbondante pannicolo adiposo oppure di una ghiandola mammaria spessa, si consiglia di avere la copertura del muscolo. E abbiamo appena visto in dettaglio come la tecnica Dual Plane sia quella che riesce a offrire tale copertura nel modo più funzionale.

Questi due appena menzionati sono gli aspetti più importanti. Un terzo punto è quello del gel di silicone (che capirai meglio dopo avere letto il paragrafo sulle protesi). Quando esso è morbido (e quindi elastico), come detto sopra, assistiamo a una ottimizzazione funzionale del posizionamento protesico in una tasca Dual Plane. Detto diversamente, una protesi col gel morbido rende più facile arrivare a un risultato naturale. Anche nel movimento, non solo in una posa statica. L'alloggiamento dual plane, per le ragioni appena spiegate, è anche il mio preferito per la maggior parte dei pazienti.

Come: le vie d'accesso
Dopo averti chiarito dove può essere posizionata la protesi, potresti adesso chiedermi come faccio a inserirla. Domanda peraltro sensata, la cui risposta è il contenuto di questo paragrafo.

Esistono tre riconosciute vie di accesso attraverso le quali la protesi di silicone è inserita nella tasca appena creata chirurgicamente.

1. Incisione nel solco inframammario. Si esegue una incisione minima, che varia in media tra 2,5 e 3,5 cm a seconda del volume della protesi. Un così ridotto accesso è reso possibile più facilmente da protesi che abbiano un gel molto morbido tale da essere inserite attraverso una minima apertura. Altrimenti la lunghezza dell'incisione è più comunemente di 4-5 cm. La cicatrice risultante, essendo posizionata al centro del solco inframammario, tende a essere molto poco visibile poiché il seno, scendendo sopra di essa, l'adombra.

   Anatomicamente ha il forte supporto dall'essere minimamente aggressiva verso le strutture anatomiche del seno. Insomma, si disturba poco la ghiandola e le innervazioni che a essa vanno. Inoltre siamo distanti sia dalla ghiandola che dai dotti galattofori. Impossibile quindi arrecare un danno diretto a queste strutture. A meno di errori tecnici molto grossolani, ovviamente. Permette, inoltre, un ottimo controllo nella gestione del solco inframammario. Per tali ragioni la preferisco.

2. Approccio ascellare. Si esegue un'incisione verticale nella parte anteriore dell'ascella (pilastro anteriore). Da lì si procede creando una tasca sottomuscolare (più comunemente) per poi inserirvi la protesi. Preferita da chi non vuole una cicatrice

(benché molto piccola) intorno al seno. Ci sarà però una cicatrice nella parte anteriore del cavo ascellare. Pure qua non si intaccano le strutture anatomiche di cui sopra, essendo molto lontani da esse. Da questo punto di vista la si può considerare equivalente all'approccio inframammario. Vale anche qua lo stesso discorso per l'errore tecnico. Potrebbe però essere più impegnativo controllare il solco inframammario ed eventuali sanguinamenti intraoperatori. Poiché si agisce da una posizione più distanziata. Rimane comunque un approccio molto valido.

3. Incisione periareolare inferiore. In questo caso la vicinanza con la ghiandola è maggiore. Tuttavia si può procedere tranquillamente senza intaccare i dotti galattofori. Durante la dissezione, per raggiungere il piano in cui verrà collocata la protesi, il chirurgo tende a mantenersi abbastanza superficialmente sacrificando, al limite, solo una minima parte del tessuto ghiandolare. O per nulla, se la dissezione avvenisse nel piano puramente sottocutaneo.

Pertanto la gran parte del tessuto ghiandolare è lasciata intatta e con essa anche i dotti galattofori. Direi però che tra i tre approcci questo è forse quello che potrebbe arrecare un qualche rischio in più, benché minimo, alla sensibilità del capezzolo e alla capacità di allattare.
La scelta su quale accesso seguire dipende molto dalle

preferenze e abitudini del chirurgo. Il quale però, prima di decidere, sempre considera le eventuali richieste e desideri del paziente, dovessero essercene.

Cosa: la protesi

Non è poi così raro imbattersi in pazienti che vengono per un primo consulto con una idea già formata e definitiva su quale sia il tipo di protesi che vorranno usare. Hanno "ricercato" molto su internet... Oppure la loro amica, soddisfatta dal proprio intervento, è stata categorica: «Non farti mettere protesi diverse da queste», e via dicendo.

Per esempio, per qualche ragione, c'è la credenza comune che solo con una protesi "a goccia", o anatomica, si possa raggiungere un risultato naturale. A volte questa scelta di protesi è verosimile e potrebbe essere adottata. Altre volte non appare essere per niente come una mossa appropriata e lungimirante. Ma far vacillare queste granitiche certezze può essere realmente impresa ardua. Da parte del paziente non c'è atteggiamento peggiore, ovviamente.

Per la gioia del chirurgo estetico però buona parte delle donne interessate alla chirurgia non esordisce così. Esse entrano in studio completamente disposte a farsi guidare. Chiaramente dopo avere espresso il loro desiderio, il risultato a cui ambirebbero. È proprio questa l'attitudine che bisognerebbe avere durante la prima visita preliminare.

Come hai capito dal precedente paragrafo, il fattore di gran lunga di maggior peso nel cercare di ottenere un risultato piacevole, cioè un seno che sembri un seno e non una palla, è la giusta scelta del volume della protesi da usare. Indipendentemente dalla forma. Un seno può tranquillamente apparire naturale con una protesi rotonda e un po' troppo "rifatto" con una protesi anatomica.

Spingere eccessivamente in là il volume della protesi scelta innalza inevitabilmente il rischio di avere un bel seno "a palla". Che a qualcuno potrebbe anche piacere, ma che è indubbiamente lontano da qualsiasi canone di bellezza. Quindi, piuttosto che intestardirsi sulla forma della protesi è buona norma non esagerare col volume della stessa.

Fatta questa introduzione, entriamo ora, con maggiori dettagli, nel mondo delle protesi. In generale esse sono costituite da un involucro di silicone rigido, più o meno resistente a seconda della marca, il quale contiene il gel di silicone in quantità variabile. Ciò permette la creazione di un ampio range di protesi usabili che normalmente spaziano da 120cc a 800cc circa. Ciascun volume poi esiste, solitamente, in 3-4 formati diversi a seconda dell'ampiezza della base e della proiezione.

Vale il discorso generale che, per un dato volume, più una protesi è larga, meno è proiettata. E viceversa, ovviamente. La superficie esterna dell'involucro può essere liscia, macrotesturizzata (se ne percepisce la ruvidità toccandola) oppure nanotesturizzata (al tatto è liscia ma al microscopio elettronico si può apprezzare la testurizzazione). Vista la composizione, passo ora alla forma. Ne esistono di due tipi: protesi rotonde e anatomiche.

- Le rotonde hanno la caratteristica di avere una distribuzione omogenea del gel di silicone su una base rotonda.

- Le protesi anatomiche sono fatte in maniera da mantenere una forma particolare, detta "a goccia" o "anatomica" appunto. Hanno una base approssimativamente ovale. La distribuzione del gel non è però omogenea. Nella metà inferiore la protesi è più piena della metà superiore. A determinare appunto una forma più simile a un seno quando si è in posizione eretta. Da qui il loro nome. Questo formato può solo esistere se all'interno c'è un gel più coesivo e duro, capace di mantenere tale profilo particolare.

Protesi rotonde: vantaggi
- La rotondità è il loro vantaggio principale. Se infatti ruotassero, ciò non cambierebbe la forma del seno.

- Si può accontentare di più chi, per un dato volume, volesse una pienezza maggiore nel polo superiore del seno.

Protesi rotonde: svantaggi

- Per chi volesse un risultato naturale è fondamentale non esagerare col volume. Altrimenti la rotondità della protesi verrebbe più facilmente percepita.

- Non dà la possibilità di sfruttare al meglio le diverse forme della base del seno. A volte più sviluppata orizzontalmente. Altre volte verticalmente.

Protesi anatomiche: vantaggi

- Per un dato volume di seno, possono garantire una migliore naturalità della forma in posizione verticale. Quindi qualora si volesse "spingere" di più col volume, tentando di mantenere una forma naturale, le protesi anatomiche permettono di usare un volume maggiore.

- Sono prodotte con un range di ovalità che va da prevalentemente verticale a orizzontale. Capaci quindi di adattarsi a forme diverse di seno.

Protesi anatomiche: svantaggi

- La loro ovalità non può accettare alcuna rotazione della protesi. Questo, infatti, determinerebbe una distorsione della forma del seno. Che poi deve essere corretta chirurgicamente, spesso cambiando la protesi.

- Hanno una rigidità del gel di silicone maggiore. Necessaria per mantenere costantemente la forma "a goccia". Quindi più dure alla palpazione.

- La loro forma prestabilita, sempre uguale, potrebbe conferire forme innaturali al seno quando in posizioni diverse da quella verticale.

Ce n'è per tutti i gusti, insomma. Nel prossimo capitolo cercherò però di fare ancora più chiarezza in modo da indirizzarti alla scelta che reputo migliore. Prima però qualche considerazione su una situazione molto particolare che chi esegue questo tipo di chirurgia si trova ad affrontare, prima o poi.

Mastoplastica Additiva estrema: quando si esagera eccessivamente con le protesi

All'inizio del precedente paragrafo sulle protesi ho giocato un poco sulla contrapposizione tra seno naturale e seno "rifatto", nel suo significato più negativo. Vale a dire un seno dove appare abbastanza visibile l'intervento della chirurgia che lo rende rotondeggiante e innaturalmente pieno nella sua parte alta.

Ti do ora qualche cenno su una condizione fortunatamente molto rara. Ma che, quando la si vede, colpisce molto. Ha un impatto forte sul modo con cui uno può considerare la chirurgia estetica. Vale a dire la sua estremizzazione.

Riferita al seno significa notare, non due mammelle più o meno rotondeggianti, ma due masse abnormi che poco hanno a che fare con il corpo di una donna. Inutile dire che non ci sia danno peggiore per la reputazione della chirurgia estetica che l'eseguirla in questo modo.

Estremizzare la mastoplastica additiva significa usare protesi enormi. Si arriva anche a volumi di 1500-2000cc di volume o più. Quando invece la normalità spazia tra 200 e 400cc. Sono così grandi da non essere nemmeno contemplate nei cataloghi ufficiali delle case produttrici. Devono essere richieste appositamente. Create, quindi, su misura. Potremmo allora definire l'esito di una chirurgia così eseguita come una deformità di taglio "sartoriale".

Mi chiederai a questo punto del perché si arrivi a questi estremi. Risponderti non è così semplice, devo dirti. Certo, sono due i protagonisti in campo: il paziente e il chirurgo. Nessun altro. Per quel che concerne il paziente possiamo solo tentare di analizzare i tratti psicologici di chi aspira a estremizzare i risultati ottenibili con la chirurgia.

- I pazienti che arrivano a richiedere interventi estremi sono persone che non riescono a ritrovarsi nel proprio aspetto, nella propria identità. Sono alla continua ricerca di cambiamenti. Nella speranza che il prossimo sia l'ultimo. In realtà non raggiungono mai uno stato di piena soddisfazione.

- Essi hanno una loro idea di come dovrebbe essere un corpo dalle fattezze piacevoli. Hanno i loro particolari canoni di "perfezione" e bellezza. E a quelli ambiscono. Pur essendo altamente discutibili.

- Sono spesso persone molto appariscenti caratterizzate da eccesso, non solo nei cambiamenti che vorrebbero ottenere in sala operatoria, ma anche nel vivere la propria socialità.

- Per passare a qualche considerazione anche sull'altro protagonista, colui che opera. Questi pazienti spesso non sono difficili da identificare, fin dall'inizio.

- Le loro richieste sono piuttosto bizzarre e fuori dalla norma.

- Non ricercano l'armonia e l'equilibrio delle forme. La naturalità del risultato è un qualcosa dal quale tenersi ben distanti.

- Hanno una idea di bellezza che poco combacia con ciò che normalmente il chirurgo propone.

Riesco a pensare a due sole possibili ragioni che possano portare il chirurgo ad accettare di operare pazienti con queste richieste. Da un lato si può, molto bonariamente, presupporre che il primo moto di chi esegue l'intervento sia quello di aiutare realmente questi pazienti che, sicuramente, soffrono molto.

Tuttavia, dall'altro lato, è necessario evidenziare che, anche la dubbia coscienziosità del professionista nel rendersi disponibile a queste estremizzazioni, giochi inevitabilmente un certo ruolo. Tali pazienti, infatti, tendono a rivolgersi al chirurgo con una certa frequenza per arrivare a quei risultati. Pertanto è quasi inutile aggiungere che siano una buona fonte di profitto.

Concluderei il mio pensiero a riguardo dicendoti che un cammino con uno psicoterapeuta, in questi casi, sarebbe da auspicarsi. Esso avrebbe l'importanza di cercare almeno di definire le ragioni che portano a stravolgere il proprio aspetto in modo così ovvio e ossessivo. E magari arrivare a proporre un percorso terapeutico capace di cambiare il modo di percepire il proprio corpo. Come detto, sono persone che soffrono. E purtroppo solo un tale tipo di approccio potrebbe essere la loro salvezza.

RIEPILOGO DEL CAPITOLO 2:

- SEGRETO n. 1: Due sono i possibili posizionamenti della protesi di seno: sottoghiandolare e sottomuscolare.

- SEGRETO n. 2: Il posizionamento dual plane è una variante della versione sottopettorale e il più popolare.

- SEGRETO n. 3: Le incisioni per accedere al seno sono effettuate nel solco inframammario, nel bordo inferiore dell'areola oppure nel cavo ascellare.

- SEGRETO n. 4: La superficie dell'involucro protesico può essere liscia, testurizzata e nanotesturizzata.

- SEGRETO n. 5: La forma delle protesi è rotonda o anatomica (a goccia). Per un dato volume, maggiore è la larghezza della base e minore è la proiezione.

- SEGRETO n. 6: L'estremizzazione della chirurgia estetica del seno, evento raro, è una delle più forti insidie alla sua reputazione.

Capitolo 3:

Mastoplastica additiva oggi: le mie scelte

MOTIVAzioni per un bel seno...

Spiegato come si può aumentare il seno, ho a oggi le mie preferenze ben definite, ovviamente. Che ti illustro a breve. Una piccola ma importante premessa è doverosa, prima di continuare. Nel mio lavoro non mi limito a eseguire uno dopo l'altro i miei interventi. Cerco sempre di migliorarmi e questo vorrei facessero anche i materiali che uso. Ecco perché mi sono affidato ormai da qualche anno a Motiva, che considero, attualmente, la migliore marca di protesi del seno.

Va da sé che le considerazioni che seguono siano da riferirsi al periodo storico in cui questo libro è stato scritto. Non posso ovviamente sapere quali saranno le mie scelte in futuro, visto che in medicina tutto esiste in un continuo, e piuttosto rapido, divenire. La tecnologia procede senza sosta. Quello invece su cui ho una certezza assoluta, è che mi avvarrò sempre di ciò che mi garantisce la massima qualità. Indipendentemente dai costi. Fare economia sulla scelta delle protesi di silicone (e se ne può fare molta) mi pare una scelta penosa e scarsamente lungimirante.

Motiva è una compagnia di abbastanza recente costituzione. È presente in Italia solo da pochi anni, ma è ormai una delle marche leader in Europa e in buona parte del mondo da circa 10 anni (al momento della scrittura di questo libro). Sin da subito attivissima sia nella ricerca di nuovi materiali che nella miglioria continua degli esistenti. E lo è perché una fetta sostanziale dei propri profitti, è regolarmente devoluta alla ricerca. Motiva ha proposto da subito diversi tipi di gel di silicone. Migliorandone la composizione ogni volta.

Il passo successivo: le protesi ergonomiche
La verità è che oggi la scelta se fare un intervento di mastoplastica additiva con protesi rotonde o anatomiche suona quasi come una questione non più così attuale. E questo anche grazie alle protesi ergonomiche. Le quali hanno apportato delle novità importanti.

A oggi solo il brand Motiva le sta producendo. Eccoti le caratteristiche principali:

- Il loro punto di forza è l'aver un gel molto morbido che unisce alla consueta coesività (che rimane) una elasticità mai proposta in precedenza (leggi anche ridotta viscosità). Questo sta cambiando il modo in cui le protesi mammarie sono state concepite fino a oggi.

- Propongono un involucro nanotesturizzato che non permette alcuna adesione della protesi, ma al tempo stesso riduce in modo molto significativo l'insorgenza di una complicanza chiamata contrattura capsulare, sia rispetto alle protesi macrotesturizzate che le protesi lisce. Le quali hanno addirittura un indice di contrattura capsulare notoriamente aumentato se comparate alle macrotesturizzate. Vado più in dettaglio su questo argomento tra poco.

- Il gel di silicone molto elastico permette il loro inserimento attraverso incisioni molto più ridotte a vantaggio di una loro minore percettibilità. In genere si riesce a lavorare, per la maggior parte dei volumi usati, con incisioni di 2,5-3,5. Anche grazie all'uso di una particolare sacca per l'inserimento a forma di imbuto (funnel) che ne rende più semplice e rapida l'introduzione nella tasca protesica.

- Il gel più morbido permette una aumentata naturalità dinamica, come ti spiego a seguire. Molto apprezzata anche dalle pazienti impegnate in attività sportive.

L'accresciuta capacità elastica del gel di silicone (puoi chiamarla anche morbidezza al tatto) permette al gel di adattarsi molto meglio alle posizioni del corpo della donna nello spazio.

Questa caratteristica fa in modo che la distribuzione del volume del silicone all'interno del suo involucro cambi continuamente e con più facilità, seguendo molto di più il movimento del corpo della donna. Rispetto, si intende, a una protesi rotonda col gel di silicone più rigido normalmente usato. Oppure, peggio ancora, a una protesi anatomica il cui gel è ancora più duro.

La conseguenza è quella che viene definita appunto naturalità dinamica della protesi. A contrapporsi alla naturalità statica e in una posizione solamente (verticale) della protesi anatomica. Gli anglosassoni, infatti, la chiamano "form stable", a forma stabile, proprio per questa ragione. Tale nome deriva dal tipo di gel di silicone con cui sono fatte, molto coesivo (più duro al tatto) e quindi capace di mantenere una data forma. Ti riassumo qui i vantaggi e gli svantaggi.

Vantaggi
- Naturalità dinamica, appena descritta.
- Sono rotonde, anche se ruotassero non sarebbe un problema.
- Bassissima chance di contrattura capsulare, meno dell'1%, per via della nanotesturizzazione.
- Ridotta incidenza di rottura dovuta a un involucro rinforzato.
- Incisioni per il loro inserimento ridotte. E quindi anche le cicatrici risultanti

Svantaggi

- Se si vuole ottenere un polo superiore più pieno è necessario usare un gel meno elastico. Perdendo ovviamente l'effetto di naturalità a cui si dovrebbe aspirare. Non è consigliata quindi a chi volesse un effetto di seno "rifatto" molto ovvio. Cioè non naturale.

- Come per tutte le protesi rotonde, non permettono la possibilità di sfruttare le diverse ovalità delle base del seno. Tuttavia questo è un fattore meno rilevante quando il gel si muove seguendo meglio i movimenti del corpo.

Le uso ormai da 7 anni (2013) e le ritengo, a oggi, insostituibili. Più naturali al tatto e con indici di complicazioni nettamente inferiori a quelle usate in precedenza.

Mastoplastica Additiva Ibrida e lipofilling del seno

Parlandoti di risultati naturali nella mastoplastica additiva non si può non affrontare il discorso dell'uso del grasso nel seno, poiché esso ha molto a che fare con la naturalità dell'aspetto della mammella. Esistono due modalità con le quali lo si usa:

1. Mastoplastica eseguita con solo grasso corporeo. Detta anche lipofilling del seno, mutuando un termine inglese.
2. Uso del grasso in combinazione a una protesi in quella che viene definita Mastoplastica Additiva Ibrida.

Inizio dicendoti qualcosa della prima tecnica, il lipofilling. Essa prevede l'aspirazione di una data quantità di grasso da una area "donatrice" per essere poi reiniettato in un'altra area che chiameremo "ricevente". Che nel nostro caso è il seno appunto. Inoltre la donatrice deve necessariamente essere colei che subirà l'operazione (tessuto adiposo autologo). Pertanto dovrà avere del grasso in eccesso in discreta quantità. Altrimenti questa non può essere una via percorribile.

Una volta prelevato, il grasso:
- viene prima lavato da impurità e poi reiniettato nella zona di destinazione.
- Questo passaggio ne diminuisce inevitabilmente la quantità. Inoltre una volta iniettato viene in parte "riassorbito" dal corpo. Approssimativamente si potrebbe stimare tale quaota riassorbita in circa il 25%-40% del grasso totale trasferito.

Aumentare il seno con questa tecnica è un concetto, in teoria, molto attraente. Essa, infatti, permette di dare volume senza corpi estranei, la protesi, all'interno del corpo. Inoltre la si richiede anche perché reputata meno invasiva. Tuttavia, a ben vedere e analizzare le cose, non lo è. Infatti:
- arreca un trauma chirurgico su più parti del corpo: area o aree donatrici e riceventi.
- Il tempo chirurgico può essere superiore alla classica mastoplastica additiva. A volte anche di tanto.

C'è poi da aggiungere una ulteriore limitazione. Possiamo parlare di un aumento massimo di una taglia del seno in una seduta. Infatti iniettare troppo grasso per singola sessione ne ridurrebbe l'attecchimento per la troppa pressione e la ridotta ossigenazione delle cellule iniettate. Pertanto è spesso necessario più di un intervento nel tempo se si ambisce a un seno prosperoso.

Riassumo allora dicendoti che si tratta di una tecnica meno prevedibile e controllabile, spesso più invasiva e, se svolta in più di una seduta, potenzialmente anche più costosa. Le cose cambiano in modo sostanziale quando il grasso viene in aggiunta alle protesi in quella che è definita mastoplastica additiva ibrida. Ed è sicuramente questa la mia preferenza, quando propongo l'uso del trasferimento di tessuto adiposo nel seno. Si esegue iniettando il grasso nello strato sottocutaneo, quindi più superficialmente rispetto alla protesi.

Vari sono i punti a favore.

- La protesi avrà uno strato in più di copertura e dunque sarà meno visibile. Ciò significa un risultato più naturale.

- Il grasso, apportando del nuovo volume, permetterà l'utilizzo di protesi più piccole per raggiungere un dato volume. E anche questo contribuisce alla maggiore naturalità del risultato.

- C'è l'enorme vantaggio di poter iniettare il grasso selettivamente in alcune zone del seno e non in altre. Questa è sicuramente l'arma più potente nelle mani del chirurgo per correggere difetti di forma del seno nonché vistose asimmetrie, siano essi di volume o di conformazione. Le quali sarebbero molto più difficili da correggere giocando solo con l'uso di protesi differenti.

- Il grasso pesa meno del silicone. Pertanto il seno sarà più leggero di un seno con il medesimo volume ottenuto solo con l'uso della protesi.

- Il grasso richiesto è molto inferiore rispetto al lipofilling puro poiché c'è anche una protesi. Pertanto è una tecnica applicabile a molte più pazienti, anche con riserve adipose modeste.

Vi sono però anche alcuni punti a sfavore:
- il costo è moderatamente superiore rispetto alla mastoplastica additiva classica. Comunque sempre inferiore all'aumento di seno con solo lipofilling se questo deve essere eseguito con due o più sedute operatorie.

- Esiste un trauma aggiuntivo nell'area donatrice di tessuto adiposo. Anche se, ovviamente, di dimensioni minori rispetto al solo uso di grasso, come appena visto.

- Bisogna usare un corpo estraneo, la protesi.

Per concludere direi che il lipofilling è una tecnica che ha veramente svariati utilizzi nel mondo della chirurgia estetica e offre ottimi risultati. Per quanto riguarda l'applicazione per aumentare il volume del seno, però, non la ritengo valida se usata da sola. È invece un'arma efficace se utilizzata a completamento del classico aumento di seno il quale, con l'aggiunta di grasso corporeo, è denominato mastoplastica additiva ibrida.

Possibili sviluppi sulla superficie della protesi
La contrattura capsulare è una tra le complicanze della mastoplastica additiva. La protesi è un corpo estraneo. Quando inserita nel corpo di una donna, genera la formazione di una capsula fibrosa tutto intorno alla protesi. E questo è normale, avviene sempre. È il modo che ha il corpo umano per isolare qualcosa di estraneo inserito in esso. Una sorta di "difesa" da uno sconosciuto.

Originariamente, negli anni 60, le prime protesi di seno fatte avevano un involucro liscio. Questa superficie facilita l'organizzarsi delle fibre collagene della capsula in modo lineare e ciò permette più facilmente l'ispessimento della capsula stessa. Che si irrigidisce e contrae attorno alla protesi. La quale è percepita sempre più dura alla palpazione fino ad arrivare a dislocarsi, di solito verso l'alto, e perdere la sua forma originaria divenendo quasi come una palla indurita. È questa appunto la contrattura capsulare. Le protesi lisce non riescono inoltre ad aderire ai tessuti mammari circostanti. Pertanto possono mal posizionarsi più facilmente.

Per tale ragione, nell'evoluzione delle protesi, si è arrivati a delle soluzioni che facessero aderire meglio la protesi alla mammella. Si è iniziato con le protesi di poliuretano negli anni 70 e poi, negli anni 90, con le protesi a superficie testurizzata. L'idea di base era che, in questo modo, si permettesse la crescita di tessuto mammario nei tanti pertugi creati dalla testurizzazione (rugosità della superficie al tatto). Ciò avrebbe reso più difficile il loro muoversi all'interno della tasca di alloggiamento. Ma anche, si è poi visto, l'ispessirsi e indurirsi della capsula poiché le fibre collagene, con la macrotesturizzazione (intesa come testurizzazione visibile a occhio nudo), non riescono a organizzarsi in modo lineare con la stessa facilità. Infatti l'esperienza ci ha confermato che tali protesi hanno una tendenza ridotta ad avere una contrattura capsulare rispetto alle protesi lisce.

Tuttavia la testurizzazione dell'involucro protesico sta creando oggi un altro motivo di discussione tra gli esperti in materia. Dai contorni ancora poco definiti quanto estremamente limitati. Infatti, dibattuta nei vari congressi negli ultimi anni, è la correlazione tra la superficie testurizzata della protesi a una rarissima forma di linfoma dal nome un po' lungo e quindi più conosciuto con l'acronimo inglese BIA-ALCL (Linfoma anaplastico a grandi cellule associato alle protesi di seno).

In realtà non si è fatta ancora completa chiarezza sulla origine di tale linfoma. Esistono delle teorie patogenetiche ma sono ancora in fase di studio. Quello che sembra emergere è che il decorso di questo particolare linfoma sia lento e il trattamento chirurgico (cambio della protesi dopo la rimozione completa della capsula) efficace.

Il Ministero della Salute ci dice che, dai dati disponibili attualmente (al momento della scrittura di questo libro), sono segnalati circa 800 casi in tutto il mondo (di cui solo 65 casi in Italia) su 35 milioni di protesi impiantate. Quindi un numero molto esiguo. Tali cifre ci parlano infatti di un caso ogni 43750 pazienti con protesi di silicone. In questa popolazione sono incluse anche le pazienti che hanno avuto protesi per ricostruzione mammaria post mastectomia. Quindi non solo per interventi di chirurgia estetica. C'è poi da aggiungere che non tutte le protesi sembrano avere la stessa correlazione. Sono più associate ad esso le protesi con una testurizzazione più aggressiva. E di queste, quelle del brand con il numero nettamente più alto di casi (sempre limitato all'esiguità del problema) sono state tolte dal mercato nel 2019. Mentre è minore il collegamento con le protesi a testurizzazione più moderata.

A oggi non sembra invece esserci una correlazione con le protesi a superficie liscia. Lo stesso vale per le nanotesturizzate (Motiva). Da specificare che queste ultime sono sul mercato da 10 anni.

Gli studi e la ricerca in materia sono comunque molto attivi a definire questa condizione in modo ancora più preciso. Quindi, la regola che viene suggerita attualmente è che, considerando solamente questo potenziale quanto raro problema, la scelta dovrebbe ricadere sulle protesi nanotesturizzate o le lisce. Per le pazienti che avessero già delle protesi macrotesturizzate, magari da vari anni, si consiglia invece un normale controllo annuale col chirurgo.

Le protesi sono per sempre o vanno sostituite?
È decisamente questa una delle domande più frequenti che ricevo durante una visita preliminare. Cerco allora di darti delle linee guida da seguire in modo che sia più immediato capire ogni quanto cambiare le protesi al seno. L'intervento in cui si riopera il seno si chiama propriamente Mastoplastica Additiva Secondaria (che successivamente può essere terziaria, quaternaria e via enumerando).

Chi si sottopone a una chirurgia di aumento del seno dovrebbe fare esami periodici atti a individuare:

- l'eventuale rottura;
- la formazione di contrattura capsulare;
- il mal posizionamento della protesi.

Infatti sono queste tre le cause di gran lunga maggiori che portano alla sostituzione delle protesi nel tempo.

Detto questo, visto che col trascorrere degli anni tutte le protesi si usurano, suggerirei quanto segue:

- Una visita dal chirurgo e almeno una ecografia (meglio sarebbe una risonanza magnetica) ogni 2-3 anni a partire dai 10 anni post-intervento. Annuale se si tratta di protesi macrotesturizzate, come visto nel precedente paragrafo.
- Ovviamente prima se si notano le irregolarità appena menzionate che ti spiego meglio sotto.
- Se nessuna delle tre situazioni descritte dovesse verificarsi (la maggioranza dei casi), e quindi la protesi continuasse a essere ben posizionata con una buona morbidezza al tatto, a oggi non c'è alcun bisogno di cambiarla.
- Si possono tenere teoricamente per 20-30 anni o più. Sarà l'evoluzione tecnologica e l'esperienza a dettare nuovi termini di durata.
- Al di là di questi suggerimenti, rimane la possibilità, anzi direi la responsabilità, della donna stessa di effettuare controlli

periodici su se stessa. Basta guardarsi a torso nudo allo specchio occasionalmente e palpare il proprio seno. Se la mammella risultasse indurita, irregolare o semplicemente diversa dal solito, un campanello di allarme dovrebbe scattare. La finalità è quella di rilevare una delle tre evenienze introdotte sopra.

- La contrattura capsulare si può facilmente individuare valutando un aumentato indurimento della protesi seguito poi lentamente da una deformità del seno. In ultimo stadio si può avere anche dolore.

- Non sempre agevole invece stabilire con la palpazione la rottura della protesi. A meno che questa sia completamente rotta. Infatti la coesività del gel altera la forma del seno solo moderatamente in caso di rottura. Il seno tuttavia può essere percepito come più morbido nel caso di rottura completa della protesi.

- Nel mal posizionamento, la protesi causa una forma diversa del seno, sia per come appare allo specchio che per come diversamente si alloggia nel reggiseno.

- Ho usato varie altre marche prima di Motiva. Il loro tasso di contrattura capsulare o rottura era, nella mia esperienza, ma anche nelle statistiche ufficiali, nettamente superiore. Vale quindi, ancora di più per queste marche, la necessità di controlli periodici. Magari anche più ristretti nel tempo. Per esempio, annuali.

Casi di sostituzione della protesi al seno
Ecco cosa si fa quando si rende necessaria la sostituzione della protesi.

- La rottura di essa, evento indolore, viene semplicemente risolta sostituendola.

- La contrattura capsulare invece richiede spesso una rimozione totale della capsula indurita e ispessita. Può essere altresì consigliabile cambiare la posizione della tasca talvolta (da sopra a sottomuscolare). Altra cosa importante è cambiare il tipo di protesi che ha causato la contrattura capsulare. Se non si rispettano queste regole la percentuale di ricorrenza del problema è alta (fino anche 50%).

- Tra le altre cause di mal posizionamento che possono portare a un cambio di protesi si può certamente menzionare la sua rotazione (problema solo delle protesi anatomiche) e/o ribaltamento e/o eccessiva lateralizzazione.

Questo inconveniente si incontra quando:
1. la tasca in cui è alloggiata la protesi è fatta troppo generosamente sul tavolo operatorio;

2. la tasca tende ad allargarsi nel tempo per uno stiramento dei tessuti circostanti, inclusa la capsula dentro la quale è contenuta la protesi.

Nel primo caso i problemi tendono a evidenziarsi precocemente. Nella seconda ipotesi, di solito, dopo qualche mese o anno. A ogni modo, quello che si rende manifesto al paziente è una alterata forma del seno. La correzione necessita di un reintervento nel quale il chirurgo va a ridurre il volume della tasca dove alloggia la protesi con delle suture interne in modo che la protesi stessa non abbia possibilità di mal posizionarsi nuovamente.

In realtà, esiste poi una quarta causa di mal posizionamento, oltre alle tre appena menzionate, e nemmeno tanto rara. Sto parlando del diverso livello delle protesi. In sostanza una è posizionata più in alto che l'altra. Le ragioni tecniche di questo aspetto potrebbero essere:

- una diversa posizione del solco inframammario, già presente prima della chirurgia e non corretto sul tavolo operatorio.
- L'atto chirurgico stesso che altera il naturale livello del solco inframammario in modo diverso nei due lati.
- Nel caso delle protesi sottomuscolari e dual plane, da una diversa gestione chirurgica del muscolo pettorale nei due lati nel confezionare la tasca protesica.

A ogni modo, quello che si rende manifesto al paziente, in tutti questi casi, è un diverso posizionamento della protesi. Ti menziono infine la possibilità di sostituire la protesi al seno per avere un volume diverso (aumentato o diminuito) oppure per il semplice fatto (ma molto valido, soprattutto di questi tempi per le ragioni spiegate sopra) di fornirsi di una protesi che sia tecnologicamente più all'avanguardia e sicura. Similmente a quello che accade quando cambiamo uno dei tanti prodotti della tecnologia che usiamo. Chiaramente con intervalli di tempo molto più allargati.

Concluderei questo discorso dicendoti che la sostituzione delle protesi al seno è un caso non frequente e con determinate tempistiche e motivazioni. Per non incorrere in decisioni avventate, la scelta migliore rimane il controllo e il dialogo col chirurgo.

Aumento di seno prima e dopo la gravidanza
Diventare mamma è il sogno di molte ragazze, ma spesso l'idea è di vivere questa esperienza più in là nel tempo, non più nella prima giovinezza. La priorità nell'immediato potrebbe essere quella di avere un bel seno, magari con l'aiuto della chirurgia estetica.

Si può tranquillamente avere una gravidanza anche con un seno "rifatto". Certo è che bisogna fare qualche riflessione su come e quando intraprenderla e avere una qualche attenzione in più rispetto a una donna che non ha alcun peso aggiuntivo nel proprio seno.

In generale l'aumento di seno non compromette la gravidanza. Semplicemente è consigliato attendere che il seno si sia assestato dopo l'intervento. E questo avviene in 6-8 mesi.
Un altro suggerimento è quello di non ingrassare troppo durante i 9 mesi. È infatti il peso che grava sulla pelle ad arrecare danni più ovvii alle mammelle. Acquisire magari 3 o 4 taglie aggiuntive di reggiseno, oltre alle protesi già presenti, rappresenterebbe uno stress molto significativo all'involucro cutaneo.

Da aggiungere il timore più grande che è quello è di non poter poi allattare. Ebbene, lo si può fare senza alcun problema. Servono al più piccoli accorgimenti nelle decisioni e nella tecnica chirurgica. Comunque su questo specifico argomento mi dilungherò adeguatamente in un paragrafo apposito, nel capitolo 6.

C'è poi un'altra parte del mondo femminile che i figli li ha già avuti e mi chiede di migliorare il seno. In realtà, spesso, è stata proprio la gravidanza a "creare il problema". La soluzione c'è anche se la risposta non è sempre la mastoplastica additiva. Talvolta, infatti, mettere una protesi non è sufficiente.

Potrebbe essere necessario un altro intervento che andiamo a scoprire insieme a breve, essendo il soggetto del prossimo capitolo.

Comunque, quale sia la chirurgia da eseguire, si può procedere solo dopo un periodo di attesa di 5-6 mesi dal parto o dalla fine dell'allattamento, quando si saranno stabilizzati sia gli equilibri ormonali che lo stato dei tessuti mammari.

Fatta attenzione a questi particolari, la chirurgia sarà esattamente uguale a quella di una "non mamma", sia nei tempi che nei modi di gestire il post-operatorio.

RIEPILOGO DEL CAPITOLO 3:

- SEGRETO n. 1: Le protesi ergonomiche di Motiva rappresentano la forma evolutiva più avanzata degli impianti mammari.

- SEGRETO n. 2: Sono anche le protesi che uso da ormai 7 anni, grazie anche a un indice di complicanze decisamente inferiore.

- SEGRETO n. 3: Il lipofilling del seno non è meno invasivo della mastoplastica additiva e richiede spesso più sedute operatorie.

- SEGRETO n. 4: La mastoplastica additiva ibrida è un modo molto efficace per ottimizzare il risultato utilizzando il grasso unitamente alle protesi.

- SEGRETO n. 5: Esiste una rarissima forma di linfoma correlato alle protesi di silicone a superficie testurizzata. La scelta raccomandata dovrebbe quindi cadere oggi su protesi lisce oppure, meglio ancora, nanotesturizzate.

- SEGRETO n. 6: I tre motivi classici per cui raramente si renda necessario cambiare le protesi sono la contrattura capsulare, la loro rottura e il loro mal posizionamento.

- SEGRETO n. 7: La mastoplastica additiva non arreca problemi sostanziali a una futura gravidanza.

Capitolo 4:

Cos'è la mastopessi

A un certo punto della vita si inizia a scendere: allacciatevi... il reggiseno
Il seno, visto lateralmente, ha una forma che richiama vagamente quasi il profilo di una pera o di una goccia, con volume leggermente maggiore nella parte inferiore al capezzolo, il quale è posizionato centralmente a esso e punta in avanti.

Questa almeno dovrebbe essere la forma di un seno in posizione ideale. È il seno tipico dell'adolescenza e giovinezza pre-gravidica. Durante il corso della vita, il nostro corpo cambia, solitamente non in meglio. Una delle sue parti che, nell'arco dell'esistenza, più volte subisce delle modificazioni è sicuramente il seno della donna. La sua tendenza è quella di scendere e apparire così meno attraente.

La "ptosi mammaria", così è chiamata formalmente la discesa delle mammelle, non è altro che tale mutamento della forma del seno, caratterizzato da una forte crescita della componente verticale. Insomma il classico seno in cui si è persa compattezza e tende a essere più cadente. Vi è un eccesso di pelle che appare essere in esubero rispetto al contenuto.

Prima di proseguire e parlarti del seno cadente, che appare quindi più basso e allungato, vorrei farti capire una importante differenza che esiste tra due tipologie di seni che appaiono, a prima vista, entrambi "lunghi" e bassi.

Il primo è il seno allungato per discesa fisiologica che, abbiamo appena visto, è chiamata "ptosi mammaria". Ed è quello di cui ci occuperemo in questo capitolo. Come vedremo meglio tra poco, è caratterizzato dall'essere pendente oltre quello che è il solco inframammario. Il quale è sostanzialmente la piega sul torace sopra la quale inizia il seno e dove poggia, in sostanza, il reggiseno. La mammella è così abbassata che il capezzolo si posiziona sotto tale solco.

C'è poi una variante che è il seno allungato per naturale posizionamento anatomico. In altre parole, esso non appare essere "cadente" oltre il solco inframammario. Il complesso areola-capezzolo è situato normalmente sopra di esso, a differenza della precedente tipologia. Vale a dire in una posizione corretta.

La sua caratteristica principale è appunto quella di avere il solco inframammario posizionato naturalmente più in basso. In altre parole, è come se il seno fosse inserito nel torace in una posizione inferiore. E quindi la sua parte superiore e il capezzolo sono anch'essi, inevitabilmente, più bassi. Tale quadro anatomico è più frequentemente riscontrato in donne di statura medio-alta nelle quali il torace è ovviamente più lungo. In questo secondo caso non si tratta quindi di un seno che abbisogni di rialzamento.

Fatta questa precisazione, ti riporto brevemente alla anatomia e composizione del seno. Come ti ricorderai, abbiamo visto che la mammella è rappresentata volumetricamente dal tessuto ghiandolare frammisto al tessuto adiposo. Pertanto, trattandosi di una massa di tessuto morbido che sporge fuori dal corpo e non sostenuta da alcuna struttura ossea interna, la responsabilità per tenerlo in posizione (quindi sodo e non cadente) grava tutta sul sistema cutaneo-legamentoso che lo avvolge. Quando tale involucro si lascia un po' andare il seno inizia a scendere.

A questo punto è importante che tu sappia quali siano le cause che portano a questa modificazione del seno. La ptosi mammaria è una condizione naturale che più comunemente si manifesta con l'età iniziando tra i 30 e 40 anni. Tuttavia ci sono donne che la presentano anche in età molto giovane.

Infatti, generalmente, si pensa che il lifting al seno sia indicato solo per donne in là con gli anni che abbiano subito un cedimento e svuotamento a seguito di vari eventi della vita. Nella realtà vediamo che un seno può essere cadente anche nell'adolescenza o nella prima giovinezza. Poiché esistono anche altre motivazioni oltre al passare del tempo. Per capire meglio, analizziamo le cause più comuni.

- Volume importante. Un seno grande, e quindi pesante, non riesce a essere sorretto dalla pelle e dai fini legamenti interni alla mammella. Questa è la ragione per cui tende a essere anche abbastanza disceso. È esperienza di qualsiasi adolescente con taglie dalla quarta-quinta in su. La Natura accetta un seno grande solamente come cadente e disceso. Non prevede una mammella pesante e che stia "su" al contempo.

- Fisiologico invecchiamento. Con esso tutti inostri tessuti del corpo perdono di elasticità. Non fa eccezione l'involucro cutaneo del seno. Il quale, meno elastico, ha una capacità via via ridotta di affrontare la continua forza di gravità. Pertanto si lascia andare progressivamente. Ciò genera un eccesso di pelle e con esso un seno più cadente.

- Sbalzi importanti di peso. Quando il seno aumenta rapidamente si ha uno stiramento delle strutture deputate a tenerlo compatto, vale a dire l'involucro cutaneo e dei legamenti presenti attorno e nel tessuto ghiandolare. Quando poi si assiste a una diminuzione di volume mammario, tali strutture precedentemente "stirate", potrebbero non avere l'elasticità necessaria per seguire la riduzione del tessuto adiposo, e quindi rimanere un poco lasse. Questo fa venire meno la loro funzione di supporto e quindi il seno scende.

- Gravidanza/allattamento, sicuramente un periodo ricco di significati: una nuova vita ha inizio. E però tale importante evento reca con sé qualche "effetto collaterale". Il corpo della neomamma, come è ben noto a tutti, aumenta di peso e cambia forme. La ghiandola mammaria, stimolata dagli ormoni, aumenta di volume anche per prepararsi all'allattamento. Crescita che è risaputamente momentanea. Ciò significa che dopo il parto o, ancora di più, dopo l'allattamento, si avrà il percorso inverso: il seno si ridimensionerà abbastanza velocemente. E qui rientriamo nella spiegazione fornita nel paragrafo precedente.

- Menopausa. Ecco un altro periodo denso di cambiamenti nella vita di una donna. Mi focalizzo solo sul seno, il quale cambia la sua composizione.
  - Gli ormoni estrogeni, che rendono la donna fertile, iniziano a essere prodotti in quantità sempre minore.
  - La ghiandola mammaria, delegata alla produzione del latte e che rappresenta parte importante del volume della mammella, si atrofizza rimpicciolendosi.
  - La parte adiposa aumenta, quasi a voler controbilanciare

la riduzione ghiandolare. Talvolta anche in modo importante. È un seno quindi meno ghiandolare ma più grasso. Ciò ha un effetto significativo sulla sua consistenza la quale decresce.

o Se poi consideriamo che l'involucro cutaneo e il sistema fasciale-legamentoso perdono fisiologicamente elasticità, e quindi funzione di supporto, si capisce come il seno appaia disceso e svuotato.

Dunque, tornando alla questione dell'età riferita alla mastopessi, non mi è per nulla inusuale avere anche ragazze giovani come pazienti che richiedano questo tipo di correzione. Infatti tolta la menopausa e il fisiologico invecchiamento, le altre cause predisponenti appena citate, potrebbero verificarsi anche in una donna molto giovane, se non adolescente. Piuttosto, il discorso da fare a una paziente giovane, è che ci siano poi più probabilità di avere gravidanze nel prosieguo della vita. Anche dopo vari anni, magari. E quindi ricadere nella necessità di dover rifare la mastopessi. È questo, infatti, un intervento che può potenzialmente essere fatto più di una volta nella vita.

Ci sono poi quelle che io definirei più concause. Ovvero cattive abitudini, alcune delle quali favoriscono l'invecchiamento cutaneo precoce. Esse tendono ad accelerare le cause che portano a modificare la pelle che racchiude il seno rendendola incapace di contenere e sorreggere. Sono per lo più:

o Mancata regolarità nell'uso del reggiseno.

o Fumo.

o Cattiva alimentazione. La qualità della nutrizione è fondamentale per rallentare il processo di invecchiamento, e ciò vale sicuramente anche per la pelle.

Il cambiamento della forma del seno definita "ptosi mammaria" può essere più o meno evidente. Si passa da un seno comunque accettabile a un seno che ha perso la sua forma e la sua consistenza.

Come detto in precedenza, la mammella in posizione corretta, quindi con assenza di "ptosi", rimane alta e compatta, con il capezzolo in posizione centrale a esso e diretto frontalmente, tre- cinque centimetri al di sopra del solco sottomammario.

Quando la "ptosi" si manifesta, la si classifica in gradi:

1. **Lieve o di grado 1.**
   - I capezzoli sono allineati al solco inframammario.
2. **Moderata o di grado 2.**
   - I capezzoli sono al di sotto del solco inframammario ma sopra il bordo inferiore del tessuto mammario
3. **Severa o di grado 3.**

- I capezzoli sono al di sotto del solco inframammario, ma ora cambiano anche direzione: guardano verso il basso, non più in avanti.

Vorrei segnalarti anche l'esistenza di una condizione chiamata "pseudoptosi". Il seno scende oltre il solco mammario, ma il capezzolo ne rimane sopra. Tende inoltre a guardare leggermente verso l'alto adesso. In pratica il seno appare come svasato, con gran parte del suo volume sotto il capezzolo.

Ovviamente alla discesa della mammella corrisponde uno svuotamento nella parte alta, che non ha più il 45-50% circa di volume, ma molto meno. Nei casi più gravi, manca proprio di volume, rimanendo sostanzialmente solo pelle.

La mano del chirurgo
La chirurgia delegata a risolvere il problema della "ptosi mammaria" è denominata mastopessi. Può venire svolta in regime di anestesia generale oppure in sedazione profonda con anestesia loco-regionale. Non richiede alcuna degenza notturna a meno di situazioni cliniche specifiche.

Questa operazione si prefigge di rimodellare la mammella ottimizzandone il volume. Ovvero eliminando la pelle in eccesso, e lasciando solo quella necessaria a contenere la ghiandola mammaria. Perché il risultato sia ottimale, si riposiziona anche il capezzolo che torna al centro del seno guardando frontalmente ed essendo sopra il solco inframammario. L'intervento di mastopessi migliora significativamente la forma del seno. Inoltre lascia cicatrici ben nascoste da reggiseno o costume. Le quali saranno più o meno estese a seconda di quanta pelle deve essere rimossa.

Si va da una cicatrice solamente attorno all'areola (mastopessi periareolare o circumareolare), a una anche verticale che scende fino al solco inframammario (mastopessi verticale). Talvolta è necessario anche lasciare una cicatrice nel solco inframammario, unitamente alle altre due appena spiegate. La chiameremo mastopessi a T invertita, per via della forma della cicatrice appunto. Sulle cicatrici e la loro cura torneremo nel capitolo 6.

Ti ricordo ancora che la "ptosi mammaria" è dovuta in buona parte dei casi al cedimento della pelle sotto il peso di un seno spesso abbondante, o divenuto tale per poi "sgonfiarsi". Purtroppo la qualità della pelle, ormai deteriorata, non si può cambiare o rinnovare. È possibile solo rimuoverne l'eccesso.

Capirai allora facilmente che la pelle rimasta sarà comunque più debole di una "sana" e quindi meno capace di sostenere pesi. È per questo che l'intervento di mastopessi, di preferenza non dovrebbe prevedere l'addizione di altro volume (e quindi peso aggiuntivo), ma solo il mantenimento di quello già presente.

Ci sono però casi, in cui il seno scende ma è anche di moderate dimensioni. L'esigenza di aumentare il volume rimasto può essere comprensibile poiché il risultato sarebbe altrimenti poco gradevole. Si può effettuare allora la chirurgia detta mastopessi di aumento o additiva, ovvero inserire anche una protesi per riempire il nuovo seno, oltre che rialzarlo. Sono le stesse protesi usate per la mastoplastica additiva.

Tuttavia le dimensioni devono essere necessariamente ridotte per non creare troppo stress and un sistema di supporto poco contenitivo e accelerare nuovamente la discesa del seno. Se volessimo definire dei pro e dei contro per le due tecniche potremmo dire quanto segue.

Mastopessi senza protesi: i pro
- Il seno viene alleggerito rispetto al suo peso iniziale, anche se non di molto. Questo va a beneficio della durata del risultato negli anni, come ormai hai ben capito.
- Le cicatrici sono sottoposte a meno stress e quindi sono nella condizione di assestarsi meglio.
- Non essendoci le protesi, non ci si deve preoccupare della loro "manutenzione".

Mastopessi senza protesi: i contro.

- Il volume complessivo viene leggermente ridotto.
- La consistenza del seno, una volta assestato, è simile alla sua originaria.

Mastopessi con protesi: i pro.

- Permette di ottenere un buon risultato estetico anche a chi avesse un seno piccolo in partenza.
- La consistenza del seno è migliorata per via della protesi sottostante e quindi si mantiene nel tempo.

Mastopessi con protesi: i contro.

- La protesi, aumentando anche peso del seno, rappresenta uno stress aggiuntivo su una pelle che non è più contenitiva (per le ragioni spiegate). Potenzialmente questo agisce contro la durata del risultato negli anni.
- È necessario controllare le protesi nel tempo.
- Il peso addizionale della protesi potrebbe generare più stress sulla cicatrice nei primi mesi, quando cioè la cicatrice è ancora debole e quindi più "allargabile".

Come comportarsi dopo una Mastopessi, che sia con o senza protesi

So di sembrarti ridondante ma è bene che questo concetto ti sia chiaro. La pelle di un seno che abbisogna di una mastopessi è per definizione di scarsa qualità (per le varie ragioni sopra elencate). Altrimenti il seno non sarebbe disceso. Quindi anche se l'eccesso viene rimosso, la rimanente pelle mantiene la stessa caratteristica di essere poco capace di sostenere il seno. Detto questo si capisce meglio che:

- La regola principale è di usare regolarmente dei reggiseni ben contenitivi. Sicuramente di giorno e ancora più quando si pratica una attività fisica.
- È consigliato comunque sempre indossare un reggiseno, magari più confortevole, anche di notte.
- Infatti il continuo stress causato dalla forza di gravità agisce sul seno anche quando si è in posizione orizzontale, "tirandolo" lateralmente.
- Chiaramente queste raccomandazioni sono ancora più forti se ci si è sottoposti a una mastopessi con protesi, per l'impegno aggiuntivo di sostenere il peso anche della protesi.
- Stabilito che la mastopessi è un intervento che possa essere rifatto più di una volta nella vita (abbiamo visto sopra il caso della donna giovane che potrà avere future gravidanze), il non seguire le sopra citate raccomandazioni, inficia ovviamente la longevità del risultato. E quindi potrebbe portare a dover rifare l'intervento più precocemente del previsto.

Ormai avrai ben capito come funziona la mammella e saprai concludere anche tu che, se la richiesta fosse quella di avere un seno alto, compatto e anche di grande volume, mi troverei nella condizione di non poter venirti incontro. Avere ben chiare le dinamiche che regolano la posizione del seno (vedi sopra) è essenziale.

Detto in altro modo, la posizione del seno lotta continuamente col proprio peso. Volere un seno grande e che stia anche "su" è un'aspettativa irrealistica.

RIEPILOGO DEL CAPITOLO 4:

- SEGRETO n. 1: La discesa del seno durante la vita si chiama ptosi mammaria

- SEGRETO n. 2: Un grande volume non è compatibile con una posizione rialzata del seno

- SEGRETO n. 3: Un seno cadente è caratterizzato da un involucro cutaneo che ha perso elasticità e, quindi, capacità contenitive.

- SEGRETO n. 4: L'intervento per rialzare il seno è la Mastopessi

- SEGRETO n. 5: Se eseguita con delle protesi (Mastopessi di aumento) è bene che queste protesi siano di volumi piuttosto moderati.

Capitolo 5:

I segreti della mastoplastica riduttiva

Talvolta il tanto è troppo

Quando parliamo di chirurgia estetica e di seno, la mente va subito alla mastoplastica additiva, ovvero al suo aumento. Ma esiste una chirurgia esattamente opposta a questa, richiesta sicuramente non con gli stessi numeri, ma per maggiori necessità: la mastoplastica riduttiva, vale a dire la riduzione del seno. Un intervento che, al contrario dell'aumento, il quale ha prettamente una valenza estetica, trova nella risoluzione di una questione che è prima funzionale la sua ragione principale.

Infatti, sebbene un seno prosperoso sia il sogno di molte donne, talvolta chi lo possiede per gentile concessione di Madre Natura, non ne è così felice. Anzi, abbastanza frequentemente, questa caratteristica che dovrebbe far sentire ogni donna più femminile e sensuale, si dimostra un forte limite sotto diversi aspetti. Arrivando a minare la salute psico-fisica della donna.

A livello fisico un seno troppo grande è caratterizzato da un peso importante, che la struttura muscolo scheletrica alla lunga spesso non riesce a sopportare. Ti illustro ora le possibili conseguenze.

- Dolore a collo e schiena, Conseguente ad atteggiamenti posturali viziati. Sia per il peso che per l'esigenza di nascondere tanta abbondanza. Da cui possono derivare peggioramenti di una cifosi o scoliosi della colonna vertebrale. I quali, a loro volta, si riflettono sulla gabbia toracica, favorendone una conformazione asimmetrica della stessa. Che è poi una tra le cause di un seno asimmetrico, come ti spiegherò più avanti nel libro.
- Dolore alle spalle, le quali strutturalmente contribuiscono ad aiutare la colonna vertebrale nel mantenere la postura. Quindi anche su di esse lo stress è molto aumentato.
- Sempre sulle spalle inoltre si formano spesso degli antiestetici e profondi solchi lasciati dal reggiseno.
- Persistenti irritazioni cutanee nel solco inframammario dovuti al continuo e inevitabile sfregamento della voluminosa massa mammaria contro il torace e favorito da un ambiente umido.

A questi problemi, che già di per sé rappresentano una forte spinta motivazionale oltre che una necessità, si affiancano questioni attinenti più allo stile di vita e alla sfera psicologica. Il volume e peso del seno infatti:

- Inficiano anche le più semplici azioni quotidiane.
- Impediscono spesso di avere costanza nell'attività fisica

rappresentando un grosso ostacolo a qualsiasi movimento del corpo.

- Rende difficile, se non impossibile trovare capi d'abbigliamento che vestano bene. Lo shopping, che è la valvola di sfogo e "hobby" preferito di molte donne, rappresenta invece per le maggiorate un momento di "vorrei ma non posso". La scelta di farsi fare vestiti "su misura" diventa quasi obbligata, per chi può, se si vuole ben vestire. Cresce spesso un sentimento di "odio" del proprio corpo.

- Tutto questo minaccia in modo serio il creare una solida e sana autostima. Ti ricordo che le donne che hanno costituzionalmente un seno grande, lo hanno fin dall'adolescenza. Età delicata in cui si sta formando la coscienza di sé. Non si è attrezzati per far fronte a commenti o sguardi insistenti e fuori luogo. Il disagio psicologico è inevitabile e capace di arrivare condizionare in modo sostanziale la propria quotidianità.

Ma perché un seno diventa troppo grande? Le motivazioni cadono principalmente in due grosso categorie. La prima di queste è quella che fa capo a ragioni che potrei definire "costituzionali".

- Un seno che, in pratica, risponde molto più intensamente alla normale stimolazione ormonale durante lo sviluppo. E il tessuto ghiandolare si ipertrofizza di conseguenza.

- O magari perché tale stimolazione ormonale è effettivamente eccessiva a seguito di una qualche patologia a carico del sistema endocrino.

Motivazioni, queste, che ovviamente non dipendono dalla paziente. Quella che invece potrebbe essere controllata è l'altra categoria, l'aumento importante del peso. Come ormai sai, il seno è composto principalmente dalla ghiandola mammaria e dal tessuto adiposo. In questo caso però non è tanto la ghiandola ad avere dimensioni anomale. È il tessuto adiposo che l'accompagna ad accumularsi in modo sostanziale.

Seno grande in menopausa
Parlando di seno voluminoso, una categoria particolare è rappresentata dalle donne in menopausa. In questa fase della vita esse soffrono ancora di più tale condizione. Prima di spiegartene le ragioni, è doveroso un accenno ai cambiamenti che subisce il seno attorno ai 50 anni.

- Una variazione tipica è quella della sua composizione.
- La pelle dice addio alla elasticità di un tempo.
- Le ossa e i muscoli iniziano a indebolirsi.

Gli ormoni che prima rendevano la donna fertile, gli estrogeni, iniziano a essere prodotti in quantità sempre minori. E la ghiandola mammaria responsabile della produzione del latte materno ormai non serve più e tende ad atrofizzarsi, rimpicciolendosi.

In altre parole, si va perdendo la componente ghiandolare che conferisce consistenza a favore, molto spesso, della componente adiposa, la quale invece causa una riduzione del tono della mammella. Quindi il volume complessivo in realtà non cambia molto. Talvolta, addirittura, questo incremento adiposo è così importante che anche il volume del seno aumenta.

I cambiamenti che ti ho menzionato fanno il paio con il fisiologico e contemporaneo indebolimento dell'apparato muscolo-scheletrico, in particolare della schiena e spalle. Essi sono deputati a mantenere il corpo eretto nonostante il peso del seno. Il quale, quindi, è come se gravasse sempre di più con il progredire di tale indebolimento. Inoltre questa involuzione conduce la donna a uno stile di vita ancora più sedentario poiché spesso si accompagna a dolori articolari e ossei. E con la sedentarietà, l'indebolimento del corpo procede indisturbato e a velocità ancor più sostenuta. Un "bel" circolo vizioso, insomma.

Alla base di questo ci sono due naturali processi di involuzione corporea che avvengono con l'invecchiamento:
1. l'osteoporosi (perdita di densità ossea);

2. la sarcopenia (perdita to tono e massa muscolare).

Esiste un modo per rallentare questo processo? Certamente, ma è un percorso da seguire che necessita di un po' di volontà e perseveranza. Si tratta infatti di un'attività fisica regolare che solleciti appunto il sistema muscolo-scheletrico nella sua totalità con carichi progressivi. Un tale lavoro verrebbe più semplice da eseguire in palestra, con dei lavori specifici contro una resistenza. Magari seguiti da un personal trainer. Il tutto integrato con una metodica attività aerobica a supportare e tonificare il sistema cardiovascolare. A poco servirebbe avere una schiena e spalle forti se poi il cuore non lo fosse.

L'altra gamba su cui poggiare è l'alimentazione. Il discorso da fare è semplice.
1. Via (o molto limitati) i carboidrati a rapida assimilazione (dolci, pasta, pane, riso bianco, biscotti ecc.).
2. Assicurarsi che ci sia la giusta quota proteica in ogni pasto. La troviamo nel mondo vegetale in maggior quantità nei legumi, frutta secca, semi. Nel mondo animale da prediligere uova, carni magre allevate al pascolo, pesce di piccola taglia e possibilmente pescato. È fondamentale per sostenere l'aumentata attività muscolare tesa a combattere la sarcopenia (perdita di tono e volume muscolare) incombente. Il tutto immerso in una base abbondantemente rappresentata di prodotti vegetali i quali sono ricchi di antiossidanti, fibre,

vitamine e sali minerali. Variare deve essere la routine.

Tuttavia, un seno grande e pesante che diventi troppo limitante la vita quotidiana, alla fine non potrà che essere corretto in altro modo che non chirurgicamente. Indipendentemente dallo stile di vita.

Infatti le soluzioni elencate sopra riguardanti le auspicabili e virtuose abitudini quotidiane, benché siano sempre da adottare, non potrebbero aiutare se l'idea fosse poi quella di alleggerire in ogni caso il seno, dandogli un volume minore unito a una forma e tonicità più giovanile. La chirurgia pertanto pone soluzione a un seno eccessivamente voluminoso, ridimensionandone il volume e di conseguenza il peso. Le donne con delle mammelle naturalmente imponenti arrivano alla decisione di ridurle chirurgicamente spesso anche in giovane età, a volte ancora minorenni.

- Nonostante un seno molto grande si veda già durante la prima adolescenza e sia spesso causa dei diversi problemi psico-fisici visti sopra, si consiglia di posticipare l'intervento alla maggiore età quando si è sicuri che il completo sviluppo del seno sia stato raggiunto. A meno di implicazioni psicologiche di grossa portata. Che devono però essere propriamente definite e certificate da uno psicologo o psichiatra.

- Consiglio di attendere anche nel caso in cui si abbia in

programma una gravidanza, in particolare se entro un tempo relativamente breve (1-2 anni, per esempio). Questo particolare momento nel corpo di una donna comporta molti cambiamenti, tra cui un inevitabile aumento di volume e peso della mammella. Si andrebbe infatti a ridurre un seno che poi potrebbe tornare nuovamente grande e pesante. Favorendone la sua discesa post gravidanza. Inoltre, come vedremo più avanti, la riduzione di un seno troppo grande, richiede l'escissione di buona parte della ghiandola mammaria, struttura adibita alla formazione del latte materno. Fondamentale nutrimento per il neonato che verrebbe potenzialmente compromesso.

Operare in questi due casi significa, con buona probabilità, fare un lavoro temporaneo, dunque non ottimale. Detto questo, però, il consiglio è di farlo prima possibile. Prima che le conseguenze fisiche o l'autostima siano diventati un reale problema.

In sala operatoria
Eccoci alla chirurgia. Esistono svariate tecniche per raggiungere l'obiettivo. Come spesso succede in medicina, e ancora di più in chirurgia, quando ci sono vari approcci per affrontare lo stesso problema, in genere nessuno di essi è realmente superiore all'altro.

Ed è proprio in queste situazioni che l'abilità ed esperienza del chirurgo diventano ancora più importanti. Fanno la differenza la sua capacità di capire e governare il cambiamento da eseguire. Ognuno poi ha le proprie preferenze in quanto a tecniche chirurgiche.

Tenendo ben presente che l'unica cosa che veramente conti è soddisfare appieno la richiesta della paziente nella riduzione del volume mammario e, al contempo, ottenere un buon risultato dal punto di vista estetico.

Uno dei momenti fondamentali dell'intervento di mastoplastica riduttiva è la marcazione preoperatoria del seno della paziente. È attraverso essa che definiamo in che area del seno si agirà. È il primo ma fondamentale passo per una buona riuscita della chirurgia. La quale è eseguita in un regime di anestesia generale oppure loco-regionale con sedazione profonda. In entrambi i casi la dimissione può avvenire lo stesso giorno della chirurgia. A meno di situazioni cliniche particolari, non è richiesta la degenza notturna.

Siamo ora pronti per l'intervento vero e proprio nel quale si riproporzionano peso e volume del seno attraverso diverse azioni.

- Escissione del tessuto mammario in esubero e incluso nell'area marcata.

- Rimozione dell'eccesso di pelle corrispondente al volume tolto.
- Fissaggio della ghiandola in una posizione più alta con la conseguente ricollocazione del complesso areola-capezzolo in una posizione superiore.

Nel procedere con la riduzione di seno, si ricrea un nuovo seno più piccolo e una posizione più alta. Pertanto nel concetto di riduzione del seno sta incluso anche il risollevamento. Infatti il grande peso lo ha inevitabilmente fatto scendere, complice la gravità. In altre parole, quando si esegue una mastoplastica riduttiva si fa sempre anche una mastopessi. È parte integrante della tecnica chirurgica.

La riduzione di seno, in genere, è una chirurgia di grossa portata. Bisogna eseguire incisioni abbastanza lunghe per togliere il volume eccedente. Quindi ci saranno poi le corrispondenti cicatrici. In particolare, queste saranno posizionate:

- intorno all'areola;
- verticalmente, dall'areola fino al solco inframamammario;
- lungo in solco inframammario.

A seconda che si tratti di medie o grandi riduzioni ci sarà una differenza nella lunghezza della cicatrice inframammaria. Mentre le altre due non cambiano con l'entità della riduzione.

C'è però da dire che solitamente il risultato apporta un miglioramento tale nella vita della persona che vi si sottopone, che le cicatrici sono viste come un prezzo minimo da pagare. Se ben curate, e soprattutto se si ha un buon processo di cicatrizzazione (la maggioranza), tendono a sbiadire e divenire poco visibili. Anche perché sono fatte per essere nascoste da un qualsiasi intimo o costume.

La riduzione del seno dà, in genere, risultati ottimi i quali tendono a essere duraturi per quel che concerne il volume. Esistono tuttavia situazioni in cui esso potrebbe crescere ancora. Ciò succederebbe quando una od entrambe le sue componenti principali, ghiandola mammaria e tessuto adiposo riprendessero tono. È il caso di una gravidanza successiva alla mastoplastica riduttiva, per esempio. Come menzionato precedentemente.

Oppure un aumento importante della porzione adiposa nel contesto di un incremento ponderale significativo. Vale anche in questo caso un discorso applicabile alla maggioranza degli interventi di chirurgia estetica. Il chirurgo fa la sua parte in sala operatoria. Il paziente deve però impegnarsi ed essere responsabile di quel che succede dopo. Iniziando con l'attenersi alle istruzioni post-operatorie (che vediamo più avanti) e continuando poi con uno stile di vita in cui ci sia una certa perseveranza nel porre un minimo di attenzione all'alimentazione e l'attività fisica.

Invece i risultati non possono definirsi permanenti indefinitamente per quanto riguarda la forma e la posizione. Infatti il seno operato rimarrà sensibile, come qualsiasi seno, all'azione sempre presente della forza di gravità e del passare del tempo. Anche qua sarà importante seguire le istruzioni post-operatorie per ridurre il loro inevitabile impatto.

RIEPILOGO DEL CAPITOLO 5:

- SEGRETO n. 1: Il peso di un seno troppo grande può avere un impatto sulle strutture di supporto muscolo-scheletriche, tipicamente la colonna vertebrale e le spalle.

- SEGRETO n. 2: Il suo ingombro fisico è correlato a un disagio psicologico, soprattutto in giovane età.

- SEGRETO n. 3: Durante la menopausa il quadro generale è peggiorato da una involuzione (osteoporosi e sarcopenia) delle strutture di supporto che stanno diventando sempre più deboli.

- SEGRETO n. 4: La chirurgia permette non solo una riduzione del volume, ma anche un sollevamento del seno in una posizione più consona.

- SEGRETO n. 5: Il risultato tende a essere definitivo se si seguono poche regole, finalizzate a un contenimento del peso e un adeguato supporto della mammella.

Capitolo 6:

Suggerimenti per il dopo intervento

Il più è fatto ma è ancora possibile compromettere il risultato

Come comportarsi nel post-operatorio di una mastoplastica incide in modo importante sulla buona riuscita dell'intervento. Vediamone allora i momenti fondamentali. Il concetto principale a cui tengo molto è che l'eventuale riposo debba essere inteso essere sempre come un riposo attivo. Questo è un importante concetto da estendersi a tutte le chirurgie, anche le più invasive.

Erroneamente si pensa che riposarsi passivamente (sdraiati a letto o su un divano) dopo una chirurgia sia una necessità per il corpo. L'idea fondante è che questo possa aiutare a riprendere le energie e ad adattarsi meglio alle nuove forme. Devi sapere che la realtà però non funziona così. Anzi se escludiamo le prime 24 ore, ma nemmeno quelle in modo totale, la forte raccomandazione è proprio quella di non stare a totale riposo.

Consiglio sempre di muoversi da subito. È la parte superiore del corpo a essere indolenzita. Nulla vieta di camminare e riattivare il proprio corpo. Mettersi in moto migliorerà la guarigione e i suoi tempi. Riattivare il circolo sanguigno camminando un po' (possibilmente all'aria aperta) favorisce l'ossigenazione dei tessuti. Ma contribuisce anche a una migliore efficienza del circolo linfatico. Importante per drenare l'area traumatizzata dalla chirurgia. Siccome non utilizzo i drenaggi, questo sarà reso ancora più agevole già appena si torna a casa.

Detto questo, è anche fondamentale non esagerare in tale senso troppo precocemente. Infatti, a fianco di pazienti che tendono a lasciarsi andare all'inattività completa nella speranza di un migliore recupero dopo un intervento chirurgico, si collocano anche donne super attive che a una settimana o poco più dalla mastoplastica vorrebbero quasi riprendere la palestra o altri sport, pur a bassi ritmi. Anche questo comportamento è sbagliato.

Come indicazione generale, si può iniziare con delle semplici camminate già dai primi giorni, di 10-20 minuti 3-4 volte al giorno. Se all'aperto ancora meglio. Da subito anche movimenti lenti delle braccia e spalle. Fatti da subito, dal giorno della chirurgia intendo, aiutano a prevenire indurimenti e contratture muscolari attorno al collo e parte alta della schiena. Non infrequenti dopo questo intervento. E che inevitabilmente vanno a rallentare il recupero dopo la chirurgia. Vale la regola secondo cui meno ci si muove da subito e più difficoltoso è riprendere a muoversi dopo qualche giorno. Dalla seconda settimana tornerai anche al lavoro, se non ti impegna troppo a livello fisico.

Se fisicamente più impegnativo invece potrebbero essere necessarie anche 2 o più settimane prima di riprendere. A meno che tu possa convertire le tue mansioni lavorative in attività meno "fisiche".

Dovrai invece aspettare 6 settimane per lo sport fatto con intensità nel caso della mastoplastica additiva. Nel caso di mastopessi e mastoplastica riduttiva anche un paio di mesi per via delle cicatrici più lunghe che male sopportano importanti tensioni in questa fase.

La dolorabilità nei giorni susseguenti l'intervento è tutt'altro che uguale per tutti. Tale aspetto, infatti, è caratterizzato davvero da un'ampia variabilità. Si vede di tutto. Dalla paziente che prende a malapena gli antidolorifici il giorno o due dopo l'intervento a quella che lo fa per anche per una o due settimane. Senza dubbio dipende molto dalla soglia individuale al dolore.

Nel caso della mastoplastica additiva la protesi collocata in un piano sottomuscolare potrebbe essere causa di maggior dolenzia. Anche se, pure qua, vale il concetto della sopracitata soglia. Ma è anche molto importante la maggiore o minore traumaticità con cui è eseguito l'intervento.

Comunque stiamo parlando di un dolore per il quale l'uso dei più comuni antidolorifici è di solito più che sufficiente a ridurlo di intensità rendendolo tollerabile. Le mastoplastiche senza protesi (riduttiva e mastopessi) tendono invece ad avere meno problemi da questo punto di vista. Il dolore è più contenuto. Tra poco ti parlerò specificatamente dell'importanza del reggiseno, il quale deve essere usato da subito.

In ultimo, ma non per importanza, vediamo quando iniziare a farsi la doccia. Anche su questo punto si sente di tutto. Eccoti l'approccio che ho sempre adottato. E che reputo molto efficace, per qualsiasi chirurgia. Si potrà già fare la prima doccia dopo 48 ore dalla chirurgia, avendo l'accortezza di togliersi le medicazioni. L'acqua deve scorrere e pulire la pelle attorno e sulla ferita. La presenza dei punti non rappresenta un problema.

Come benefico effetto "collaterale" e rigenerante, aiuterà a rilassarsi togliendo un poco di stress da recupero postoperatorio. Inoltre sarà psicologicamente un ulteriore passo verso la normalità del quotidiano.

L'acqua dovrà essere piacevolmente tiepida e il sapone neutro. Si laverà il seno, senza frizionarlo, lasciando che sia l'acqua a scorrere e pulire. Sfruttando quindi la sua naturale azione di pulizia meccanica. Ci si asciuga il seno, come prima parte, con una salvietta pulita. Proseguendo poi con il resto del corpo. Infine si rimettono le medicazioni e le fasce compressive. Si è ora pronti per ripetere l'operazione quotidianamente.

Gonfiore del seno post-intervento

Il risultato della chirurgia non sarà subito ovvio. E ciò riguarda tanto la forma quanto il volume del seno. In altre parole, quello che il paziente vede finito l'intervento, non è il risultato finale. Dovrai quindi mettere in conto un periodo durante il quale gli effetti del trauma chirurgico si risolvono e il corpo si adatta alla nuova condizione.

Cerco di venire più nel dettaglio per farti capire meglio cosa intendo. Ogni seno segue tre fasi nel post-operatorio.

1. Appena operato esso appare alto, a volte molto alto. Al tatto risulta essere sodo, direi quasi duro, e particolarmente pieno nel polo superiore. Oltre che poco mobile. Ma sicuramente non bisogna preoccuparsi per questo. Ciò avviene per tutti e tre i tipi di mastoplastica. Tuttavia è più ovvio per l'aumento di seno a causa della presenza della protesi. Infatti il tutto si

assesterà perdendo gradatamente il gonfiore nei 3-4 mesi dopo l'intervento.

2. Di pari passo avviene anche lo stiramento della pelle nel polo inferiore, la quale si apre per accogliere il volume più presente nel polo superiore del seno all'inizio. Questa fase può durare anche 4- 6 mesi.

3. Assieme al riposizionamento delle mammelle, avverrà anche quello dei capezzoli. Infatti nel periodo iniziale potrebbero sembrar puntare verso il basso. È solo una situazione momentanea. Quando la protesi scenderà nella corretta posizione anche il capezzolo acquisirà la sua. Sarà allora idealmente centrato e diretto in avanti.

Solo con il completo assorbimento dell'edema (gonfiore) e stiramento dell'involucro cutaneo che contiene il volume del seno, arriverà anche la consistenza definitiva. La quale è il momento finale per rendere naturale un seno rifatto anche al tatto. Per capire quanto si sgonfierà il seno dopo la mastoplastica, è necessario avere chiaro prima il perché le mammelle si gonfiano e cosa fare per limitare questo aspetto.

Subito dopo l'intervento, la cosa che fa apparire il seno così diverso è principalmente l'edema postoperatorio. I tessuti traumatizzati si infarciscono di liquidi corporei e aumentano di volume. È questa una risposta naturale del nostro corpo a qualsiasi trauma, chirurgico o accidentale.

Per limitare questo fenomeno è fondamentale applicare una pressione dall'esterno. Ciò viene fatto usando fasce compressive oppure appositi reggiseni. I quali vengono indossati fin da subito e permetteranno una compressione sia dall'alto che dal basso del seno. La compressione esterna è sicuramente il momento più importante nel limitare il gonfiore post-operatorio. E quindi rendere più rapido il recupero.

Il reggiseno deve essere di materiale elastico e molto contenitivo. Se allacciato davanti rende più agevole l'indossarlo. Oltre che per la sua capacità compressiva necessaria in questa fase, ti servirà anche per mantenere il nuovo seno nella giusta posizione sostenendolo.

L'altro aspetto fondamentale, che abbiamo visto in dettaglio nel precedente paragrafo, è il movimento. Che deve essere fatto in modo progressivo e con cautela fin dai primi giorni. Abbiamo infatti visto che permette di riattivare un po' anche il circolo linfatico, fondamentale per la risoluzione dei gonfiori tissutali. Insomma, non vi è errore più grande che tornare a casa a sdraiarsi per 2-3 giorni nella convinzione di recuperare prima. Anzi quello sicuramente è il modo migliore per aumentare il gonfiore nel seno.

Spiegato il perché esista un gonfiore post-operatorio e come questo possa e debba essere contenuto, vengo ora a dare una risposta a una frequente domanda: di quanto si riduce il volume del seno dopo una mastoplastica, una volta assestato completamente, cioè dopo i primi 3-6 mesi? Ebbene, spero di non deluderti ma non esiste una risposta univoca e precisa a questa domanda.

Ormai hai ben capito che il grado di gonfiore può variare molto per i comportamenti che potresti avere nel periodo post-operatorio. Ma anche per fattori individuali. Infatti non siamo tutti uguali: rispondiamo a uno stesso stimolo (trauma chirurgico, in questo caso) in modo diverso. Quindi per una stessa chirurgia l'entità del gonfiore è spesso differente.

Posso piuttosto parlarti di un range. Ti dico pertanto che nella media si assiste a una riduzione del volume del seno durante i primi 3-6 mesi che varia tra il 10 e il 15%. In casi di gonfiore molto accentuato anche 20% o più. Il risultato finale, che ormai sai di raggiungere solo dopo qualche mese, dovrà essere vicino a quello che ci si è detti prima della chirurgia per forma e dimensioni.

Il mio consiglio è quindi non considerare quello che si vede subito dopo l'intervento come il volume finale. Lo stesso dicasi per la forma. Tieni semplicemente conto che ci sarà un aggiustamento nei termini di cui sopra.

Reggiseno, il migliore amico delle mammelle

Non perdo mai occasione di sottolineare quanto sia importante l'uso reggiseno in generale. Ma ancor di più dopo una delle tre possibili mastoplastiche. Proprio perché ci si è sottoposti a un intervento per abbellire il proprio seno. E quindi si vuole che questo risultato sia il più longevo possibile.

Il seno, sotto l'azione del proprio peso, sia esso naturale o meno, tende a creare uno stress continuo sull'involucro cutaneo e il sistema fasciale-legamentoso che ho menzionato parlando dell'anatomia. Sistema di supporto che è sempre meno efficiente più passano gli anni per via della perdita di elasticità tissutale. Tale stress, come per tutti i distretti del corpo, è dato dalla sempre presente forza di gravità. Ecco perché il seno tende a scendere nel tempo, che si abbia o meno una protesi.

Oltretutto la mammella, come abbiamo già visto, è una massa di tessuti molli posta "fuori" dal resto del corpo. Non è ausiliata da una struttura ossea interna a cui "aggrapparsi". La forza di gravità agisce quindi indisturbata nel tempo con più intensità rispetto ad altre regioni corporee.

E tale forza agisce in ogni secondo della nostra vita. Quando siamo in piedi la trazione sul seno è verticale, verso il basso. Ma quando ci sdraiamo tale forza agisce sul seno trazionandolo lateralmente. Pertanto anche in posizione orizzontale (sdraiati) esiste questo stress sulle strutture di supporto appena menzionate. Esprimendo lo stesso concetto in un altro modo, potremmo dire che anche la credenza comune che di notte non sia necessario offrire un supporto contenitivo al seno lascia il tempo che trova, poiché priva di fondamento.

Capirai allora che, se mi chiedessi per quanto tempo si deve usare il reggiseno dopo una mastoplastica, la risposta sarebbe semplice: per sempre. È l'unico modo che una donna abbia per opporsi alla forza di gravità. A meno di poter vivere nello spazio, ovviamente.

Attenzione particolare poi alle attività sportive. C'è una diversa sollecitazione fra camminare e correre, o tra correre e fare altri sport meno dinamici. A ognuna di queste sollecitazioni si dovrà rispondere con un reggiseno adatto a contrastarle. Pertanto indossare reggiseni appositi se si pratica sport è cosa essenziale e di primaria importanza. I quali sono strutturati per contrastare gli stress più intensi che tu possa avere sull'involucro cutaneo del seno.

Quanto detto finora è una regola che tutte le donne dovrebbero applicare. A meno d'avere un seno non esistente, va da sé.

Tuttavia per le donne che si fossero sottoposte a mastoplastica, vi è una ulteriore importante ragione: è fondamentale sottoporre i tessuti e le cicatrici al minor stress possibile. Ciò ha una duplice, importante funzione.

Nel caso della mastoplastica additiva, la tasca che accoglie la protesi, appena confezionata chirurgicamente, può facilmente allargarsi in questa fase. Infatti non si è ancora formata una capsula contenitiva attorno alla protesi. Questa è la ragione perché una buona compressione dall'esterno risulti essere essenziale.

Per quel che concerne invece le cicatrici esterne il discorso coinvolge tutti i tre tipi di mastoplastica, ma con più rilevanza per la mastoplastica riduttiva o la mastopessi in cui le cicatrici sono più estese. Il tessuto cicatriziale infatti, nelle prime settimane, è molto sensibile alle forze di stiramento, essendo ancora molto debole. Degli stress importanti presenti in queste prime settimane (quale è quello di sostenere il peso del seno), potrebbero causare un allargamento della cicatrice nei successivi mesi.

Insomma, il reggiseno in generale deve essere il tuo migliore alleato, se intendi avere e preservare un buon seno. Sia esso naturale o, a maggior ragione, "rifatto".

Le cicatrici

Uno tra gli aspetti che suscita più preoccupazione prima di una chirurgia estetica è come saranno gli esiti cicatriziali. A questo non fanno certo eccezione le donne che stanno desiderando un abbellimento del proprio seno. Dove saranno posizionate o quanto saranno lunghe le cicatrici di un seno operato, sono tra le più comuni domande che mi vengono chieste durante la visita preoperatoria.

Non può esistere chirurgia senza cicatrice. Quello che può fare il chirurgo è cercare di ben posizionarle al punto da permetterti scollature profonde o i costumi più modaioli. In realtà questa dovrebbe essere la regola. Abbiamo già affrontato la questione del tipo di cicatrice nei relativi capitoli. Questo vuole essere un discorso più generale.

La cicatrizzazione post-operatoria è infatti uno dei processi più complessi, e solo relativamente controllabili, di tutto il tuo percorso per avere un seno più attraente. Il posizionamento dell'incisione e l'accurata sutura sono certamente fondamentali. In generale, la gran parte dei pazienti avrà cicatrici poco percettibili. Tuttavia in un 10% circa la cicatrice tenderà ad allargarsi un po'.

Per quanto il chirurgo possa fare un buon lavoro, il paziente avrà un certo ruolo nel determinarne la buona riuscita. La cura dovrà essere quotidiana. Iniziando col lavare le ferite già dopo un paio di giorni, pulendole e rimedicandole.

Poco fa mi sono dilungato abbastanza sull'uso regolare del reggiseno anche per ridurre la tensione sulle cicatrici molto recenti. Evitare poi l'esposizione solare diretta della cicatrice per i primi 8-12 mesi. Intendendo con questo anche eventuali lampade.

Non mancheranno sulla tua tavola abbondanti quantità di verdure e le giuste proteine. Tra i micronutrienti che coadiuvano la guarigione delle ferite e la cicatrizzazione sono da menzionare lo zinco e la vitamina C. La loro integrazione è utile nei primi mesi. Da evitare invece il fumo, assoluto veleno per la cicatrizzazione.

Detto tutto questo, agli estremi di qualsiasi casistica in materia, ci saranno i pazienti diligenti che cicatrizzeranno male. E quelli che, pur non seguendo le regole, avranno delle ottime cicatrici. Ciò per dirti che, anche qua come per quasi tutto in medicina, il DNA gioca un ruolo non secondario.

Allattare dopo una chirurgia estetica del seno
Per comprendere questo aspetto dovresti prima sapere quali siano le componenti anatomiche deputate al meccanismo dell'allattamento. Si tratta di due diverse strutture:

1. La ghiandola mammaria in senso lato, intendendo con essa anche il complesso areola-capezzolo e i suoi collegamenti a esso (dotti galattofori).
2. L'innervazione che giunge alla ghiandola stessa e al capezzolo.

Detto questo analizzerei ciascuna delle due parti appena menzionate e i possibili effetti negativi che su di esse potrebbero avere:

- le incisioni o accessi chirurgici
- il posizionamento delle protesi
- il volume delle protesi

Inizio allora dalla ghiandola mammaria che investe il ruolo di protagonista in quella che è la funzione principale del seno, come ti ho spiegato nel primo capitolo.

- Per quel che riguarda le incisioni posso dirti che sia l'approccio inframammario che transascellare si tengono ben lontani dalla ghiandola mammaria. E, ancor di più, dai dotti galattofori e dal capezzolo. A meno di errori tecnici macrospcopici che non prendo nemmeno in considerazione. Nel caso della incisione periareolare inferiore la vicinanza con la ghiandola è maggiore.

Abbiamo visto nel capitolo 2 che quando la dissezione avviene nel giusto piano, ovvero abbastanza superficialmente, la maggior parte del tessuto ghiandolare e i dotti galattofori sono lasciati intatti. Quindi il meccanismo dell'allattamento può teoricamente avvenire. E però, tra i tre approcci chirurgici, questo è forse quello che potrebbe portare con sé qualche minaccia in più, anche se la probabilità è modesta.

- Non sembra invece esserci alcuna differenza sostanziale se consideriamo il posizionamento della protesi. In ogni caso la protesi starà sempre e completamente sotto la ghiandola mammaria, la quale non viene (o non dovrebbe venire) direttamente danneggiata nella sua anatomia.

- Nel caso di protesi molto voluminose sottoghiandolari, si potrebbe però pensare a una maggiore pressione diretta sulla ghiandola mammaria. E una eventuale maggiore atrofia da compressione nel tempo. In altre parole, una leggera riduzione volumetrica del tessuto ghiandolare nel tempo. Tale pressione è meno direttamente scaricata sulla ghiandola quando la protesi è posta in un alloggiamento sottopettorale o dual plane. Non ci sono però studi che facciano assoluta chiarezza su questo aspetto. Tanto che anche pazienti con protesi grandi spesso riescono ad allattare.

Il secondo punto che viene sempre preso in considerazione nel discutere questo tema è il potenziale danno all'innervazione della ghiandola e del complesso areola-capezzolo. La fondamentale suzione del neonato è infatti lo stimolo per la produzione di latte materno (riflesso prolattinico) e sua secrezione (riflesso ossitocinico). E tutto questo si basa ovviamente su un'intatta rete nervosa.

Un eventuale danno all'innervazione potrebbe essere dato da:

- accesso chirurgico. Dei tre sopra menzionati, dagli studi disponibili, quello che più sembra alterare la sensibilità del complesso è sicuramente l'approccio periareolare, anche se non in modo eclatante. È una differenza moderata che però deve essere tenuta presente e il paziente esserne a conoscenza prima dell'intervento.

- posizionamento della protesi. In teoria una tasca sottomuscolare dovrebbe offrire più protezione, separando meglio la protesi dalla ghiandola. E quindi interferire meno sui nervi che si distribuiscono nella ghiandola mammaria. Non ci sono comunque studi che supportino in modo significativo questo aspetto.

- volume della protesi, altra questione che dovrebbe essere valutata. Una protesi con volume importante va necessariamente (e molto intuitivamente) a creare più stress a tutto ciò che la circonda:
  - pelle (più stiramento),

o   ghiandola (maggiore atrofia nel tempo da compressione)

o   nervi (più grande è la tasca più accresce la possibilità di toccare o lesionare i nervi distribuiti nel seno)

Pertanto, teoricamente, più la protesi è grande e più chance avrebbe di ostacolare l'allattamento, agendo direttamente sui nervi che vanno alla ghiandola e capezzolo. Ricordo però che le differenze non sono comunque di grossa portata, se si guardano gli studi a disposizione.

L'allattamento è la prima modalità nutrizionale per l'essere umano stabilita dalla natura. E pertanto decisamente il meglio che un neonato possa avere. Ha una grossa importanza anche nello sviluppare un sistema immunitario più solido da subito. È normale quindi che una donna che si appresta a sottoporsi all'intervento di mastoplastica additiva possa avere dei dubbi a riguardo.

Se si intendesse avere figli dopo un intervento di mastoplastica additiva, i miei consigli sarebbero i seguenti:

• Valutare l'uso di protesi non eccessive come volume. Una o due taglie al massimo, a seconda della anatomia di partenza.

• Preferire un accesso dal solco inframammario o transascellare. L'accesso periareolare ha una qualche possibilità in più di creare problemi, dal punto di vista del coinvolgimento sia della ghiandola che dei nervi.

- Per ridurre ulteriormente ogni possibile interazione tra ghiandola mammaria e la protesi, considererei di più un alloggiamento sottomuscolare (dual plane).

Ribadisco che l'allattamento può sicuramente coesistere con una protesi mammaria. I consigli appena dati sono per ottimizzare al massimo questo aspetto nelle donne che intendono poi avere dei figli.

Per quel che concerne la mastopessi esiste qualche rischio in più. A seconda, infatti, della tecnica usata, si potrebbe dover agire anche sul tessuto mammario con più possibilità di limitarne la funzione. Quindi il non poter allattare dopo, sarebbe un'eventualità più concreta rispetto alla mastoplastica additiva, pur sempre non comune.

Nel caso della mastoplastica riduttiva invece la finalità è proprio quella di togliere una buona quantità di tessuto mammario. Quindi la compromissione importante di quello che è il soggetto principale nell'allattamento: la ghiandola mammaria. Esiste addirittura una tecnica che prevede la rimozione temporanea del complesso capezzolo-areola per poi essere riposizionato come innesto. E allattare non sarebbe certamente più possibile. In generale, però, tolto questo caso estremo, dipende dalla tecnica chirurgica usata e dalla entità del tessuto ghiandolare rimosso. Suggerirei allora che, qualora una giovane donna intendesse sottoporsi a tale intervento, abbia chiaro e metta in preventivo che la propria capacità di allattare potrebbe poi essere compromessa.

RIEPILOGO DEL CAPITOLO 6:

- SEGRETO n. 1: La regola più importante dopo una chirurgia del seno è il muoversi precocemente.

- SEGRETO n. 2: Il gonfiore post-operatorio impiega 3-6 mesi per essere assorbito. Fino ad allora non si vedrà il risultato finale. Sia per quel che concerne il volume che la forma.

- SEGRETO n. 3: L'uso regolare del reggiseno è fondamentale per sostenere il seno dopo una mastoplastica.

- SEGRETO n. 4: Qualsiasi chirurgia lascia una cicatrice. Il modo migliore per proteggerla è ridurre ogni tensione attorno a essa nelle prime settimane post-intervento ed evitare una esposizione solare diretta.

- SEGRETO n. 5: Allattare dopo una mastoplastica additiva è quasi sempre possibile.

- SEGRETO n. 6: Dopo una mastopessi, e ancor di più una mastoplastica riduttiva, potrebbe invece non essere più fattibile.

Capitolo 7:
Curiosità e domande frequenti

L'anestesia e la sua paura

L'anestesia è di fatto il primo e inevitabile passo per raggiungere il risultato chirurgico. Se per molti rappresenta quindi l'"inizio di un sogno", per altri è un autentico ostacolo mentalmente quasi insuperabile.

Gli interventi di chirurgia estetica del seno possono essere eseguiti con due forme di anestesia: totale oppure in sedazione con anestesia locale. L'anestesia totale è quella procedura medica secondo cui le funzionalità cardio-respiratorie sono strettamente monitorate e mantenute dall'anestesista aiutato dagli appositi macchinari anestesiologici. Perché ciò avvenga è necessaria l'intubazione. I farmaci usati, infatti, oltre a togliere qualsiasi percezione del dolore, abbattono anche la funzionalità respiratoria che quindi deve essere poi mantenuta meccanicamente. Da qui la necessità dell'intubazione.

L'anestesia è spesso paragonata a un volo in aereo. E in tale similitudine l'anestesista ricopre il ruolo di pilota. In entrambi i casi si hanno tre momenti ben distinti:
1. il decollo che corrisponde alla preparazione, la

somministrazione dell'anestesia e l'intubazione.

2. La fase più lunga e, solitamente, più stabile che è il volo. Equivale al tempo chirurgico.
3. L'altra fase delicata è l'atterraggio. In sala operatoria è rappresentata dal risveglio ed estubazione.

Come quando si decide di viaggiare su un aereo si pone la totale fiducia nell'apparecchio, la sua tecnologia, la competenza ed esperienza del pilota, allo stesso modo, durante un intervento, la fiducia dovrebbe essere totale nelle apparecchiature usate, nei farmaci e nelle capacità e conoscenze dell'anestesista.

Pertanto nelle due situazioni ci si affida a una figura sconosciuta che è altamente specializzata ed esperta. Tale similitudine va oltre.

- L'aereo è il mezzo di trasporto più sicuro al mondo, come i macchinari dell'anestesista sono oggi altamente sofisticati e precisi.
- Il personale di ogni aeromobile ha ben chiari i passaggi con cui gestire una emergenza. Allo stesso modo l'anestesista e i suoi assistenti sanno esattamente come procedere in caso di inconvenienti.

Aggiungerei poi che ancora oggi, e non di rado, il primo argomento che molti pazienti vogliono toccare è il costo. Te ne parlerò con molto più dettaglio in un prossimo paragrafo. Se è una cifra a loro congeniale, allora, e solo allora, accettano di scendere nel particolare dell'intervento. Altrimenti proseguono nella loro ricerca fino a trovare dove sottoporsi all'intervento al costo che si erano stabiliti.

Risparmiare su di una chirurgia significa anche risparmiare sui materiali, apparecchiature e sull'esperienza di tutte le figure che collaborano assieme al chirurgo. Pertanto è questo un punto su cui fare molta attenzione.

Gli interventi di chirurgia estetica non devono necessariamente essere eseguiti in anestesia generale o totale. E questo potrebbe magari aiutare a superare la paura di alcuni.

Eccomi allora a introdurti brevemente un'altra modalità di anestesia molto usata: la sedazione profonda. Le differenze sostanziali con l'anestesia totale sono le seguenti:

- Siccome la capacità di respirare autonomamente è mantenuta integra, non vi è alcuna intubazione.
- La sedazione non blocca la sensazione del dolore come invece fa l'anestesia totale. Pertanto può solo esistere se accoppiata a una anestesia loco-regionale dell'area in cui si opera.

I vantaggi principali sono due:
1. Il recupero post-operatorio è più rapido. È comune quindi la

dimissione già entro un paio d'ore dalla fine dell'intervento.

2. L'anestesia loco-regionale dura per varie ore dopo l'intervento. Pertanto il risveglio e il recupero tende a essere decisamente più semplice e caratterizzato da minor dolorabilità.

- Come svantaggio possiamo menzionare il tempo operatorio moderatamente più allungato. Si tende a impiegare di più per via dell'anestesia loco-regionale. La quale può richiedere del tempo aggiuntivo per essere iniettata adeguatamente.

In generale rimane la similitudine tra pilota e anestesista in quanto a esperienza e conoscenze. Anzi, forse ancora di più che per l'anestesia generale, mancando il controllo stretto dei macchinari usati nella anestesia totale. La presenza continua dell'anestesista è ancora più importante.

I perché della paura dell'anestesia
Si possono ipotizzare varie ragioni che stanno alla base del timore dell'anestesia generale oppure della sedazione profonda:

- Potrebbe rappresentare una procedura non facilmente comprensibile. L'essere umano, per sua stessa natura, teme ciò che non conosce o comprende.

- Diventiamo momentaneamente e completamente incapaci di sapere e decidere ciò che ci sta accadendo. Siamo totalmente nelle mani di un'altra persona. Questa idea può creare un certo disagio in taluni.

- Nonostante la fiducia che si ripone nel team medico, c'è sempre un retro-pensiero che ci dice che qualcosa potrebbe non andare secondo le previsioni e avere esiti non controllabili. Similmente a quando si vola, che l'aereo possa precipitare.

- Il timore di svegliarsi nel mezzo dell'intervento senza riuscire a comunicarlo. È questo uno dei miti da sfatare della anestesia generale. Le funzioni vitali sono monitorate in modo molto dettagliato, con relativi allarmi. L'anestesista si accorge immediatamente se il livello di anestesia dovesse superficializzarsi. E agire di conseguenza con facilità evitando un risveglio prematuro.

A favore dell'anestesia direi però che esiste un'altra paura che spesso fa passare in secondo piano quella per l'anestesia generale: è il timore del dolore. Al punto che, non di rado, alcuni pazienti mi chiedono di essere sottoposti ad anestesia anche se l'intervento non lo richiede. Per questi la questione dell'anestesia non si pone nemmeno. Basta appunto che non ci sia dolore.

Per terminare direi che la paura dell'anestesia totale o con sedazione profonda è immotivata. Se ci si affida alle giuste strutture e ai giusti specialisti i rischi sono veramente pochi e nella grande maggioranza tranquillamente gestibili. Quindi, benché se ne possano intuire le ragioni, esse non sono certamente supportate dai dati statistici a disposizione. Che invece descrivono l'anestesia totale o in sedazione profonda come due procedure mediche altamente sicure.

Drenaggi, sì o no?

Una questione che viene abbastanza sollevata dai pazienti durante la visita preliminare e se verrà messo un drenaggio al seno dopo la mastoplastica. È questo un tema su cui non viene seguita una linea comune tra i chirurghi. C'è chi li usa e chi no. A seguire ti spiego quale sia la mia posizione a riguardo e perché.

Inizio col dirti che dopo una chirurgia, non solo estetica, quando si è creato uno spazio vuoto, vuoi per una escissione di una qualche massa, vuoi per uno scollamento e separazione di due diversi strati tissutali, il nostro corpo inizia il processo di guarigione riempendo questi spazi per poi farne aderire le pareti attraverso la formazione di un tessuto cicatriziale. Il tutto avviene grazie a una raccolta di sangue oppure alla produzione di un fluido sieroso di colore giallastro che essuda dalle pareti dei tessuti traumatizzati.

Tale accumulo di fluidi, se in moderate quantità, è considerato fisiologico. Tuttavia talvolta la quantità è rilevante al punto da generare due situazioni cliniche in cui si potrebbe dover reintervenire per essere risolte. Esse sono:

1. l'ematoma, o raccolta di sangue fuoriuscito da vasi sanguigni;
2. Il sieroma, o raccolta di quel liquido sieroso che ho menzionato poc'anzi.

L'uso del drenaggio post chirurgia, e quindi anche il suo uso al seno dopo un intervento di mastoplastica, avrebbe la funzione di impedire il formarsi di una raccolta di fluido in modo eccessivo.

Cos'è il drenaggio?

Il drenaggio in genere è rappresentato da un tubicino posizionato nell'area chirurgica e connesso esternamente a una qualche forma di aspirazione. Vale a dire a un meccanismo che genera una pressione negativa. Questo è di solito un contenitore in cui viene raccolto il liquido che si forma nella cavità o spazio morto creato dalla chirurgia. Nel caso dell'intervento di mastoplastica, esso viene rimosso di solito entro 24 o 48 ore nella grande maggioranza dei casi.

Analizzo ora brevemente quale sia la posizione del drenaggio rispetto ai tre interventi di chirurgia estetica del seno, cominciando dalla mastoplastica additiva. In essa la tasca protesica è solitamente confezionata perché raccolga esattamente la protesi. In modo che questa non si sposti. Il chirurgo che colloca il drenaggio lo mette proprio in questo spazio, attorno alla protesi. Tipicamente il drenaggio viene fatto uscire attraverso la pelle dal lato del seno. È quindi da qui che verrà rimosso.

Nel caso della mastoplastica riduttiva, la maggioranza delle tecniche prevede un ampio scollamento e separazione tra la ghiandola mammaria e il muscolo grande pettorale. Pertanto, dopo la fine dell'intervento, quando cioè il tessuto mammario rimasto è stato riposizionato sopra il muscolo grande pettorale, questa area scollata rappresenta quello che viene chiamato in chirurgia spazio morto. E rimane tale fino a che i due tessuti separati (seno e muscolo in questo caso) non si siano cicatrizzati insieme. Il che avviene, con un minimo di consistenza, dopo 7-10 giorni.

Esso è uno spazio non visibile se si facesse un esame investigativo come l'ecografia, per esempio. Tuttavia è potenzialmente riempibile dai fluidi di cui sopra, i quali si formano tipicamente dopo un trauma come è la chirurga. È quindi in questo spazio virtuale che il chirurgo colloca il drenaggio.

Nel caso della mastopessi invece dobbiamo considerare se sia stata fatta con una protesi oppure no. Nel caso della mastopessi di aumento o additiva ricadiamo in quanto detto per l'aumento di seno. Quindi il drenaggio è posizionato accanto alla protesi. Se invece si eseguisse una mastopessi semplice, si andrebbe a creare, nella maggioranza delle tecniche usate per questo intervento, la situazione descritta nel caso della mastoplastica riduttiva. E cioè uno scollamento abbastanza ampio tra ghiandola mammaria e muscolo, dove poi sarà messo il drenaggio.

Molto semplicemente, il mio approccio al problema, da ormai circa 14 anni, è che non uso più il drenaggio in alcuno dei tre interventi descritti sopra. Ciò è strettamente derivante sia dalla personale esperienza con l'intervento di mastoplastica in quasi 20 anni, sia dal confronto continuo con chirurghi da tutto il mondo. Chirurghi, però, che eseguano o abbiano eseguito tale chirurgia con volumi molto alti.

Dopo la mastoplastica additiva, la ragione per cui non uso il drenaggio al seno post mastoplastica additiva è perché la protesi stessa, se la tasca in cui è alloggiata è stata fatta della giusta dimensione, agisce dall'interno creando una certa pressione sui tessuti. A questa pressione si aggiunge quella che lavora dall'esterno ed è generata dalle fasce compressive. Il tutto a creare una pressione totale all'interno della tasca dove è alloggiata la protesi piuttosto sostenuta. Riducendo quindi molto la possibilità che si formi una raccolta di sangue a seguito di un eventuale sanguinamento.

Tali fasce sono tenute per tutta la prima settimana. Il grosso vantaggio per il paziente è non avere il disturbo dei drenaggi da rimuovere. La mobilizzazione post-operatoria è più semplice e rapida. Inoltre il drenaggio in chirurgia rappresenta una possibile via d'accesso retrograda per una eventuale contaminazione batterica. Quindi quando si può evitare, penso sia bene farlo. Peraltro aggiungo che, avendo osservato molti colleghi sia in Italia che all'estero, questo è l'intervento di mastoplastica in cui la tendenza a non usare il drenaggio è più seguita.

Dopo la mastoplastica riduttiva, infatti, c'è una tendenza maggiore dei chirurghi a farne uso. E anche a ragione poiché l'area chirurgica è ben più ampia e difficile da comprimere dall'esterno efficacemente. Pertanto il rischio di accumulo di fluidi maggiore.

Tuttavia nemmeno in questo caso uso i drenaggi. La ragione sta nel fatto che parte del tempo chirurgico la impiego per chiudere lo spazio morto (creato dalla separazione tra ghiandola mammaria e muscolo pettorale) mettendo vari punti di sutura interni a sigillare appunto tale spazio. Che quindi non è più riempibile con eventuali raccolte di fluidi. A questo punto il drenaggio, così facendo, perde di significato.

Nel caso dei due tipi di mastopessi (con o senza protesi) le ragioni per cui non uso i drenaggi sono le stesse spiegate per i due precedenti interventi di mastoplastica. Poiché tecnicamente ricadiamo in uno di quei due casi, come detto poc'anzi.

Seno asimmetrico

La questione sulla asimmetria del corpo, e nel nostro caso del seno, nasce dal fatto che, nel parlar comune, si presuppone che la chirurgia estetica inglobi il concetto di "simmetria" di default. Si è convinti sia una sua parte integrante. In altre parole, si tende a conferire al chirurgo una capacità di ottenere ciò che nemmeno il Creatore o la Natura ha previsto. E cioè la simmetria del corpo umano.

Per una qualche ragione, in questo "sentir comune" vi è una sovrapposizione di due concetti tra loro uniti da un legame che è percepito come inscindibile: simmetria e bellezza. Dove, perché esista la seconda, ci deve essere anche la prima. Si pensa forse che non sia possibile la bellezza senza simmetria dei volumi e delle forme.

Ebbene, spero di non deluderti dicendoti che le cose non stanno proprio così. Si ignora completamente il fatto che anche la più bella modella, se analizzata in dettaglio, presenta innumerevoli asimmetrie di vario tipo, dalla testa ai piedi. Il corpo umano è fatto da due metà, le quali sono tutto tranne che perfettamente uguali. Molto comuni sono le asimmetrie ossee, tanto per cominciare. Per lunghezza, spessore, forma.

Superficializzandoci, arriviamo alle strutture muscolo-tendinee. Altro contesto dove l'asimmetria è la regola. Cosa molto nota a chi spende ore in palestra controllando giornalmente allo specchio la crescita del volume dei propri muscoli. Spesso asimmetrici per forma, volume o per come si inserzionano sulle ossa. E ancora, la pelle, le sue pieghe e rughe, la distribuzione degli annessi piliferi (peli e capelli), le unghie. Le strutture cartilaginee (naso e orecchie).

Insomma, non se ne esce. Il corpo umano è senza dubbio una bella macchina. Tuttavia è asimmetrica. Bella, bellissima ma composta da due parti diseguali. Quanto detto ti dovrebbe portare a comprendere che bellezza non significa simmetria e perfezione. Vorrei associassi invece questo concetto più all'equilibrio e armonia delle varie forme e volumi tra loro. Non alla loro perfezione e simmetria. Come già suggerito nel primo capitolo.

Venendo al seno troviamo regolarmente le sotto citate asimmetrie:

- forma
- volume
- distribuzione del tessuto ghiandolare
- posizione del seno
- direzione del seno
- posizione del complesso areolo- capezzolo
- direzione del complesso areolo- capezzolo

Insomma, avere un seno più voluminoso, basso o largo dell'altro è cosa molto diffusa. Altro aspetto spesso poco considerato, ma molto presente, è l'asimmetria della gabbia toracica e delle coste. Che molto influisce sulla proiezione e direzione del seno. Di solito poco percepita prima di un intervento, ma messa poi più in rilievo dell'uso di una protesi di silicone, per esempio.

Il mio compito è accompagnarti in questa analisi del seno durante la visita preliminare. Che non significa farti nascere delle paranoie, ovviamente. Ma semplicemente aiutarti a prendere atto che ci potrebbero essere delle asimmetrie delle quali ignoravi la presenza. E che potrebbero esserci anche dopo l'intervento. Quando il tuo modo di guardarti allo specchio sarà molto più critico, proprio perché ti sei sottoposta a un intervento. E potresti quindi rilevare delle differenze che c'erano già prima, in realtà.

Detto questo, è un mio dovere quello di cercare sempre di ridurre al minimo queste asimmetrie, nei limiti del possibile. Sempre che questa correzione non implichi il creare un problema ancora più grande. Mi riferisco in particolare al lasciare cicatrici addizionali pur di correggere un minimo difetto.

Concludo questo argomento dicendoti che nel caso di asimmetrie grossolane o macroscopiche invece il chirurgo è obbligato ad agire riducendone la visibilità. Infatti non sarebbe accettabile non fare nulla in questo senso.

Un seno particolare detto tuberoso o tubulare
Un tipo di seno che è spesso asimmetrico è il seno tuberoso. Tuttavia non è l'asimmetria la sua peculiarità principale. Bensì la forma particolare, che può essere alquanto sgraziata. Esso presenta delle anomalie morfologiche che possono variare molto in quanto a gradi di severità. Vediamole insieme.

- Il tessuto ghiandolare è molto fibrotico e poco sviluppato, soprattutto inferiormente. Si ha quindi Un mancato sviluppo del polo inferiore del seno, sia come ghiandola che come involucro cutaneo.

La conseguenza è che:
- la distanza tra areola e solco inframammario è ridotta,

- il complesso areola capezzolo punta tipicamente verso il basso.

- Ha una forma che tende a essere triangolare.
- L'areola è molto grande. Talvolta si nota una erniazione della stessa.
- Lo spazio tra le due mammelle ampio per via della forma triangolare e perché esse sono spesso abbastanza separate.
- Il solco inframammario tende a essere retratto superiormente.

Quando i tratti sopracitati sono ben marcati, la sua caratteristica forma lo fa lontanamente assomigliare al muso di un cane molto noto nel mondo dei fumetti: Snoopy, il cane di Charlie Brown. Per questa ragione, nel mondo anglosassone, si definisce il seno che presenta questo aspetto alterato anche come "snoopy breast", dove "breast" significa seno.

Eccoci al trattamento: i tipi di mastoplastica per la correzione del seno tuberoso

Come ti ho appena suggerito, le manifestazioni anatomiche e i loro gradi di severità possono variare molto. Pertanto non è pensabile che con un solo tipo di mastoplastica si possa correggere ogni forma di seno tuberoso. Vi sono quindi vari approcci chirurgici che ti elenco qua sotto:

1. Intervento di mastoplastica additiva semplice

2. Intervento di mastoplastica additiva con ulteriore correzione dell'eccesso di pelle attorno all'areaola o periareolare. Questa tecnica è più propriamente chiamata mastopessi di aumento circumareolare o periareolare.
3. Mastopessi additiva (o di aumento) verticale o a "T invertita".
4. Intervento di mastoplastica (o mastopessi) additiva ibrida.

Vediamo ora i vari interventi con un poco più di dettaglio. La mastoplastica che si addice a un seno tuberoso può essere semplicemente la chirurgia di mastoplastica additiva quando:
1. Il seno tuberoso si manifesta in modo moderato, con una riduzione dello sviluppo della parte inferiore del seno non grave.
2. Il complesso areola-capezzolo non è molto allargato ed è posizionato superiormente al solco inframammario.
3. Il complesso areolo-capezzolo non presenta, o solo moderatamente, alcuna erniazione.

Se ci troviamo con questa situazione anatomica, l'intervento di mastoplastica additiva semplice è più che sufficiente. La protesi inserita andrà infatti a espandere la forma del seno correggendone la tipica triangolarità. Inoltre il suo peso agirà creando uno stiramento e allungamento del polo inferiore. Il quale è solo moderatamente retratto in questi casi.

Talvolta può essere necessario andare a fare delle incisioni radiali interne del tessuto ghiandolare nel polo inferiore in modo da facilitare ulteriormente il rilasciamento di questa retrazione sotto l'azione del peso della protesi.

Salendo un poco con i gradi di severità la mastoplastica deve poter offrire delle correzioni ulteriori. Non è più sufficiente mettere una protesi ma bisogna agire anche sull'area del seno attorno all'areola. E questo può avere delle motivazioni varie:

1. areola con diametro abbondante (uno dei tratti più comuni del seno tuberoso);
2. erniazione dell'areola stessa;
3. complesso areola-capezzolo disceso al livello del solco inframammario o leggermente oltre;
4. forma del seno marcatamente triangolare. La tecnica che segue serve anche a ridurre la proiezione del complesso areola-capezzolo contribuendo a dare un contorno più curvilineo al seno unitamente all'azione della protesi.

In questo caso si eseguirà la mastopessi di aumento circumareolare in cui avremo solamente una cicatrice risultante attorno all'areola. Tecnica ideale per ridurre il diametro dell'areola alzandone moderatamente la sua posizione.

Arriviamo al grado di maggiore gravità espressiva dei tratti del seno tuberoso. Ci sono tutte le caratteristiche presenti nel gruppo precedente. Quella che in particolare fa propendere per questa soluzione è il grado molto marcato di discesa del seno (ptosi mammaria) e, in particolare, del complesso areola-capezzolo rispetto al solco inframammario. Tale per cui un rialzamento solo circumareolare non sarebbe sufficiente.

Ci sarà alla fine anche una cicatrice che decorre verticalmente dall'areola al solco inframammario (mastopessi verticale). E a volte con una piccola componente lungo il solco inframammario stesso (mastopessi con cicatrice a T invertita). Ovviamente oltre a quella attorno all'areaola di cui abbiamo parlato prima.

La vera marcia in più nel trattamento del seno tuberoso è data dall'uso del grasso. Come abbiamo avuto modo di vedere, se usato durante un intervento di mastoplastica additiva per ottimizzarne il risultato, la chirurgia in questione prende il nome di mastoplastica additiva ibrida. Ormai, quindi, sai bene quanto importante sia il grasso per contribuire alla naturalità del risultato.

Tuttavia la caratteristica che supera tutte è la capacità di dare volumi in settori ben precisi del seno. Andando quindi a modificarne la forma. A differenza della protesi, la quale invece dà circa il medesimo contributo in termini di volume in ogni settore del seno.

Durante una mastoplastica per un seno tuberoso, questa è una eccezionale opportunità. In un tale seno infatti, come abbiamo visto, notiamo tipicamente un iposviluppo della parte inferiore e centrale del seno, a creare un ampio spazio tra un seno e l'altro.

- Tale difetto è sicuramente migliorabile con la protesi.
- Però la possibilità di andare poi a ottimizzarlo aggiungendo un volume solamente nel polo inferiore e/o nella parte centrale del seno, permette di raggiungere un livello di risultato finale decisamente superiore.

Tale scelta è ovviamente disponibile anche per le due forme di mastopessi di aumento menzionate: circumareolare e verticale. Sai ora cosa sia il seno tuberoso. Una malformazione dello svilluppo della mammella caratterizzata da difetti i quali possono avere differenti gradi di severità.

Hai anche appreso che non è pensabile correggere il seno tuberoso con un unico tipo di mastoplastica, buono per ogni stagione. Ti ho spiegato quindi i quattro tipi di approccio chirurgico che adotto a seconda dei difetti presenti e della loro gravità. Lo scegliere tra un intervento e l'altro è sostanzialmente solo prerogativa del chirurgo dopo un'attenta analisi ed esame del tipo e grado di deformità.

Possibili effetti collaterali e complicanze delle mastoplastiche

Qualsiasi chirurgia, per quanto ben eseguita, con tutte le precauzioni del caso ed un rigoroso periodo post-operatorio, può avere delle complicanze o effetti collaterali. Semplicemente, se ci si sottopone ad un intervento, qualsiasi intervento, bisogna accettare questa possibilità, pur anche contenuta. In medicina ed in chirurgia purtroppo non si riesce a controllare tutto al 100%. Non siamo ancora arrivati a questo livello. E penso non ci arriveremo per un bel po'. Se mai ci arriveremo. Detto questo, e tolti i lividi ed i gonfiori, che sono sempre presenti o quasi, seppur in diversa entità da caso a caso, la maggior parte delle complicanze avviene in una stretta minoranza dei pazienti. Però è bene sapere di cosa ti sto parlando. Eccoti allora una sorta di glossario delle evenienze più o meno comuni che potrebbero capitare dopo una chirurgia estetica del seno.

Lividi. Sono le aree di colorazione rosso-bluastra che spesso appariono dopo un qualsiasi trauma. La causa è l'infiltrazione di sangue proveniente dal trauma chirurgico nei tessuti sottocutanei circostanti ad esso. I giorni successivi vedono il colore del livido cambiare in giallastro.

Si riassorbono di solito entro un paio di settimane. Quando

sono però molto intensi ed ovvi possono impiegare anche 4 o più settimane a risolversi completamente. Come appena detto, sono assolutamente normali e accadono molto spesso, con varie gradualità. Non sono certamente un segno di chirurgia mal fatta o che non sia andata secondo le previsioni. Come a volte si tende a commentare nel parlar comune.

Gonfiore. Ci siamo dilungati a sufficienza in un paragrafo apposito nel capitolo 6. E a quello ti rimando. Ti ricordo qua solamente che accade sempre dopo un trauma. E la chirurgia è un tipo di trauma. Quindi te lo dovrai aspettare.

Sanguinamenti post-operatori dalla ferita chirurgica. Succede a volte che le medicazioni applicate sulle ferite si sporchino di sangue. Tale da allarmare i pazienti. Serva qua ricordare che si tratta di un evento normale nelle prime 24-48 ore. È sufficiente cambiare la medicazione dopo avere disinfettato di nuovo la ferita. Va da sé che se ci fosse un sanguinamento molto importante (piuttosto raro), è buona norma avvisare il chirurgo.

Ematoma. Termine talvolta assegnato erroneamente a quello che sono i lividi. Rappresenta invece un importante quanto raro accumulo localizzato di sangue, spesso profondamente nell'area chirurgica. E pertanto non necessariamente accompagnato da una colorazione bluastra della pelle. O comunque non subito.

Quando è importante, esso causa un gonfiore molto ovvio dell'area coinvolta che potrebbe richiedere un piccolo intervento di svuotamento per essere risolto. Il lato colpito appare quindi molto più grande dell'altro.

Quindi una asimmetria di volume a rapida insorgenza nelle ore/giorni dopo l'intervento è motivo per avvisare il chirurgo. Vari studi fatti registrano una incidenza che varia dallo 0,5 al 3-4%. Nella mia personale statistica durante gli ultimi 15 anni, l'ho riscontrato in un paziente ogni 300 circa, considerando tutti e tre i tipi di mastoplastica. Quindi una complicanza, direi, molto rara.

Sieroma. Ne abbiamo già parlato parzialmente a proposito dell'uso dei drenaggi. Ti ricordo che si tratta di un accumulo di liquido giallastro (secrezione sierosa) in uno spazio riempibile. Similmente all'ematoma, e' percepito dal paziente come una raccolta di liquido che causa un aumento di volume del seno interessato in modo vistoso. Lo distingue dall'ematoma la tempistica. Avvenendo più tipicamente dopo varie settimane, a volte mesi.

Nella mastoplastica additiva ha una incidenza tendenzialmente rara, tra lo 0,5 e 2%. Appare essere più comune con protesi a superficie testurizzata. Probabilmente per via della maggiore frizione con i tessuti mammari. L'incidenza è simile per le altre due mastoplastiche. Può essere risolto a volte con un semplice periodo si riposo e una compressione esterna. Altre volte unitamente ad aspirazioni ambulatoriali in serie. Reramente però è necessario tornare in sala operatoria, similmente a quanto avviene per l'ematoma.

Esiste poi un'ancor più rara forma di sieroma. È il sieroma tardivo il quale appare dopo anni dalla chirurgia. Anche in questo caso è più comune se si hanno protesi con superficie macrotesturizzata. Potrebbe essere conseguente a un trauma o a un malposizionamento della protesi. Tuttavia, essendo anche una delle modalità di presentazione del rarissimo BIA-ALCL (discusso nel capitolo 3 a proposito degli sviluppi sulle superfici delle protesi), una analisi del siero è sempre consigliata. Meglio ancora sarebbe un reintervento, col cambio delle protesi e la rimozione della capsula attorno ad essa. E quindi il reinserimento di nuove protesi, possibilmente a superficie nanotesturizzata o liscia.

Infezione. Dopo qualsiasi tipo di chirurgia bisogna mettere in preventivo la possibilità di infezioni. La sterilità della sala operatoria e la terapia antibiotica di prevenzione a volte, pur raramente, non sono sufficienti. Ecco allora che ci possono essere infezioni della ferita chirurgica.

Nel caso della mastoplastica additiva siamo intorno al 2-3% dei pazienti. Molto più rara e seria invece è l'infezione della tasca di alloggiamento che accoglie la protesi. In questo caso potrebbe essere consigliata la sua rimozione temporanea per 3-6 mesi. Per essere poi reinserita dopo quel termine. Come ti dicevo, fortunatamente, questa è una complicanza molto rara che colpisce circa lo 0,3-0,5% dei pazienti.

Per la mastopessi e la mastoplastica riduttiva la probabilità di infezione è leggermente superiore poiché le incisioni sono più lunghe. Possiamo stabilire un range che spazia tra 3% e 5% dei pazienti, a seconda degli studi. Nella grande maggioranza dei casi, un ulteriore corso di antibiotici è sufficiente per risolvere il problema. Raramente è necessario intervenire per una pulizia chirurgica della ferita.

Ritardi di guarigione. A volte le incisioni guariscono più lentamente. Spesso formando delle crosticine. Le quali possono perdurare anche per alcune settimane. La cicatrice non è considerata completamente guarita fino alla loro completa scomparsa. Può capitare che, cadendo anzitempo, potrebbero riportare la ferita indietro nel processo di guarigione di qualche giorno o, più spesso, di qualche settimana. In questi casi una appropriata pulizia quotidiana è fondamentale per evitare infezioni successive. I ritardi di guarigione sono più comuni nei fumatori.

Sensibilità alterata. Con la mastoplastica additiva è possibile avere delle alterazioni della sensibilità del seno, più comunemente localizzate nell'areola ed nell'area sotto di essa. Tendono ad essere temporanee per la maggior parte dei casi, pur durando settimane o a volte mesi.

Nel caso della mastopessi, ma ancor più della mastoplastica riduttiva, una parziale perdita della sensibilità del capezzolo e/o alcune aree del seno è più probabile. Talvolta anche permanentemente. Essendo le chirurgie più invasive e capaci di lesionare più facilmente un numero superiore di terminazioni nervose.

La rigenerazione delle terminazioni toccate dalla chirurgia avviene nelle settimane e mesi post-intervento. Può essere caratterizzata da una iper-sensibilità, a volte accompagnata da dolori intermittenti, descritti spesso come bruciori o punture di spillo.

Asimmetrie. Ne abbiamo già parlato ampiamente in un paragrafo specifico di questo capitolo.

Cicatrici. Anche su questo aspetto ci siamo dilungati nel capitolo 6.

Contrattura capsulare. Ti ho esposto l'argomento a più

riprese nel capitolo 3. In particolare, quando abbiamo visto i benefici della superficie nanotesturizzata delle protesi Motiva. Ma anche quando abbiamo parlato dei possibili sviluppi sulle superfici protesiche o esaminato le cause che portano ad eseguire una mastoplastica additiva secondaria. Tra le quali c'è appunto la contrattura capsulare. Nei miei primi 7 anni di utilizzo di protesi Motiva a superficie nanotesturizzata non ho ancora rioperato alcuna paziente con questo problema, dopo una mastoplastica additiva primaria. Vedremo negli anni a venire.

Rottura protesica. Argomento già toccato nel paragrafo del capitolo 3, con riguardo alle ragioni del cambio delle protesi. Aggiungo qua che le statistiche parlano di una percentuale attorno il 5-10% a 10 anni. Bisogna però dire che, a tal proposito, la qualità del prodotto è di indubbia importanza. Penso possa essere di aiuto portarti anche qua la mia esperienza. Avendo cambiato più marche nel corso degli ultimi 15 anni. Finora ho notato una riduzione netta dei casi di rottura usando le protesi Motiva. Posso infatti dirti che, alla fine del 2020, registro solamente una rottura dopo oltre 2400 protesi Motiva inserite nei primi 7 anni di loro utilizzo.

Statistica che sarà da rivedere ed aggiornare a 10 anni e poi andando avanti, ovviamente. Infatti, la chance di rottura aumenta negli anni, poiché l'involucro della protesi, a causa del continuo attrito coi tessuti circostanti, tende lentamente e naturalmente a indebolirsi. E quindi, verosimilmente, a diventare più predisposto alla rottura.

Comunque, pur solo dopo 7 anni, ritengo sia un numero di notevole rilievo. Sicuramente il doppio strato con cui l'involucro di esse è fatto gioca un ruolo determinante.

Malposizionamento della protesi. Te ne ho ampiamente parlato alla fine del capitolo 3, discutendo delle ragioni che inducono a tornare in sala operatoria una seconda volta dopo una mastoplastica additiva.

Trombosi venosa profonda ed embolia polmonare. È rappresentata dalla formazione di coaguli nel circolo venoso delle gambe. Ed è potenzialmente molto pericolosa poichè può portare all'embolia polmonare, complicanza a volte letale. Pertanto è da evitare.

Il fattore predisponente più importante è il tempo operatorio. Quindi, nel caso delle "mastoplastiche", potrebbe interessare più che altro una grossa riduzione di seno oppure, eventualmente, chirurgie multiple di cui una di esse al seno. L'essere sovrappeso e la scarsa mobilità dopo l'intervento (anche per questo muoversi subito è importante), ma pure precedentemente ad esso (vita eccessivamente sedentaria), non aiutano. Per finire, in caso di interventi di grossa portata o chirurgie combinate è buona norma interrompere, per quel mese, l'assunzione della pillola anticoncezionale, la quale è un'altra tra le possibili cause di trombosi.

Necrosi dell'areola. È una rara ma possibile evenienza nella riduzione di seno. La rimozione di tessuto mammario va inevitabilmente a ridurre l'apporto sanguigno all'areola. Che a volte stenta a sopravvivere per la mancanza di una sufficiente quantità di ossigeno. E quindi l'areola, o parte di essa, diventa necrotica. È un problema che si presenta, nella gran parte dei casi, nei fumatori. I quali hanno già naturalmente un ridotto apporto di ossigeno cutaneo. A causa di ciò, smettere di fumare 6-8 settimane prima dell'intervento diventa auspicabile. Soprattutto in caso di riduzioni mammarie di grossa portata, dove la compromissione chirurgica della vascolarizzazione è ancora più accentuata.

Seno rifatto low cost
Se ti fossi per caso già interessata a un intervento di chirurgia estetica, è probabile che tu sia a conoscenza dell'ampio range di prezzi presente sul mercato. Un po' come per tanti altri servizi. Cercare di sottoporsi a un'operazione, oppure a un trattamento medico, offerto a prezzi inusualmente bassi nasconde un forte errore di base: risparmiare sulla propria pelle.

Una cosa è infatti fare economia su un prodotto del commercio che, nella peggiore delle ipotesi, possa essere facilmente rimpiazzato con una minima spesa senza recare con sé alcuna conseguenza importante per la persona. Se non, momentaneamente, economica. Per esempio, un capo di vestiario, un paio di scarpe, una bicicletta, un'auto ecc.

Altra cosa, totalmente diversa, è scegliere sulla base del prezzo solamente quando si tratta di sottoporsi a un intervento chirurgico. Si immagina quindi che un intervento sia più o meno la stessa cosa in quanto a risultato indipendentemente da:

- dove lo si esegue,
- chi lo esegue,
- la sua reale capacità ed esperienza acquisita sul campo,
- quali materiali usa.

È questo un modo di pensare abbastanza comune, purtroppo. In cui non si dà importanza a quanto appena detto. Un atteggiamento tipico di chi adotta questo modo di procedere è quello di chiedere in primissima battuta quanto costi l'intervento. Il prezzo come discriminante per scegliere se continuare con quel professionista o meno. Si parte cioè con l'idea di avere a priori un budget fisso, immutabile nel tempo. Se il prezzo è sopra quel limite non si continua nemmeno a parlarne e si vira alla ricerca di qualcuno che stia in quel budget. Ciò perché, come detto sopra, si considera l'esperienza, competenza, qualità dei materiali, dove e con che team ci si opera come un aspetto ovviamente secondario rispetto al costo. Mi permetto di suggerire come l'agire così sia un atteggiamento molto pericoloso quando in gioco c'è un intervento eseguito sul proprio corpo.

A volte i risultati negativi sono correggibili. Altre volte no, causando sequele che poi uno si porta dietro tutta la vita. E anche quando sono correggibili, può essere che ci si rivolga poi a un altro professionista avendo perso fiducia in colui che ha eseguito il primo intervento. Questo implica ulteriori spese e si finisce con lo spendere complessivamente molto di più. È un modo di agire più vicino al gioco d'azzardo, insomma. Può andare bene. Ma se va male, in genere va molto male.

La medicina è una scienza non perfetta, con una vasta gamma di possibili situazioni. Paradossalmente potrebbe benissimo essere che ci si rivolga a un chirurgo più che affermato dai costi più alti per poi avere una qualche complicazione o risultato subottimale. E avere invece un ottimo risultato con un trattamento dal prezzo molto basso e magari con un giovane medico con meno esperienza. È però ovviamente molto più probabile che accada il contrario.

In linea generale possiamo affermare che un bravo chirurgo

con molta esperienza tende ad avere:

- Complicanze e risultati non eccelsi in percentuale nettamente inferiore.

- Quando questo accade essi sono molto più facilmente rimediabili.

- Mentre un chirurgo meno capace o con meno esperienza è portato necessariamente a fare più errori e con una gravità più alta. Le correzioni dei quali possono quindi essere più complicate.

Vediamo allora nello specifico le variabili che compongono il costo di una chirurgia. Al primo posto c'è il chirurgo. E uno non vale l'altro. Entro più in dettaglio su questo aspetto nel prossimo paragrafo. Ti basti qui sapere che:

- Come per ogni professionista, il curriculum è importantissimo poiché ci dice quello che ha fatto finora e da chi ha imparato l'arte.

- Un buon chirurgo ha alle spalle anni di studi e, soprattutto, tanta esperienza sul campo.

- La casistica è fondamentale poiché la chirurgia è un'attività manuale e come tale richiede un continuo esercizio.

- Ma, ancor più importante, se uno ha tanto operato è molto più probabile che abbia acquisito familiarità anche con le eventuali situazioni più complicate e sappia come affrontarle nel migliore dei modi. Quest'ultimo aspetto è di importanza vitale per un chirurgo e quindi per il paziente.

Un discorso similare lo si può fare parlando dell'anestesista, la cui preparazione ripercorre le stesse tappe viste sopra. Di eguale importanza è la competenza della parte restante dell'equipe operatoria. Vale a dire, tra gli altri, l'infermiere di sala operatoria, la/lo strumentista ed eventualmente l'aiuto chirurgo. Segue poi la clinica in cui ci si sottopone alla chirurgia e la sua sala operatoria. Spesso quando il prezzo scende, scende anche la qualità del luogo in cui viene eseguita la chirurgia. Che a volte arriva essere un comune ambulatorio in uno studio medico.

Quindi quando si va alla ricerca spasmodica del prezzo basso a ogni costo si deve essere consapevoli che si sta accettando dei compromessi in termini di qualità sulle varie parti appena menzionate. Infatti, in genere, nessuno dei ruoli esposti sopra è lì per fare della beneficenza. Non è certamente quello il modo per farla. Se il prezzo è basso ci sono delle chiare ragioni.

In ultimo, vorrei fare qualche cenno alla chirurgia low-cost eseguita all'estero. Prima di tutto c'è da dire che le due cose non sono sempre abbinate. Mi spiego. Andare a operarsi all'estero non significa andarsi a operare a prezzi bassi necessariamente. Insomma, andare in Nord Europa o America, non è come andare nell'Est Europa, Sud America o Sud Est asiatico. Cito queste tre parti del mondo perché a oggi sono le mete che offrono soluzioni generalmente molto economiche per le più comuni chirurgie. Magari complete di viaggio e soggiorno.

Lascerei l'*all-inclusive* alle vacanze. Perché, anche se spesso questi viaggi ci vengono presentati come vacanze con ritocco, vacanze non sono. Anche qui, potrebbe capitare di essere operati da validi chirurghi. L'incognita è alta, tuttavia. Inoltre, sottoporsi a un intervento in uno stato lontano da casa, dove spesso non ne si conosce la lingua, vuol dire anche avere difficoltà a reperire sufficienti informazioni su clinica e sul chirurgo. Non mi sembra essere un'idea ottima.

Se già risparmiare in Italia è pericoloso, perché farlo all'estero dove si è letteralmente soli a fronteggiare ogni evenienza, nel caso le cose non andassero secondo i piani? O dove non si può certo tornare per essere seguiti con la giusta regolarità nel post-operatorio?

Il suggerimento è cercare agevolazioni di pagamento, che ormai tutti i chirurghi offrono. Oppure attendere il tempo necessario per avere la giusta disponibilità. Un prezzo "corretto" ci tutela anche per il futuro e ci permette un appoggio costante del chirurgo che ci ha operati.

Come scegliere il giusto chirurgo estetico, 5 consigli.
Come paragrafo conclusivo di questo libro vorrei aiutarti nella

scelta del chirurgo, l'attore principale del tuo cambiamento. Non è una scelta semplice, in realtà. Ed è molto più importante di quanto possa pensare. Abbiamo appena visto come la discriminante del costo non sia una scelta saggia. Analizziamo allora cosa devi considerare prima di accordare la tua fiducia a un professionista. E lo farei in cinque punti.

1. Come prima cosa il professionista dovrebbe avere concluso un corso di specializzazione di Chirurgia Plastica ed Estetica. In Italia oppure all'estero. La Chirurgia plastica è una tra le specialità chirurgiche della medicina. Come la neurochirurgia o cardiochirurgia, per fare degli esempi. Tra le sue branche di insegnamento troviamo la chirurgia estetica.

Spesso si fa confusione tra la definizione di chirurgo plastico e chirurgo estetico. Mettendoli a confronto per stabilire chi, delle due categorie, sia meglio. La realtà delle cose ci dice che il chirurgo estetico dovrebbe essere un chirurgo plastico il quale, dopo avere completato un corso di specializzazione in chirurgia plastica, concentra il proprio lavoro sulla chirurgia estetica. Facendo principalmente, o solamente, quello.

E quindi potrebbe non essere la giusta mossa farsi operare al seno da un rinomato "chirurgo plastico" se costui si occupa primariamente di ustioni o ricostruzioni di deformità congenite del viso, per fare degli esempi. Branche nobilissime e importantissime, peraltro. Ma che non servono specificatamente al nostro fine. Se il chirurgo plastico in questione non ha una vasta e continua esperienza in chirurgia estetica del seno, è inevitabilmente meno qualificato, dall'esperienza stessa, a fare una mastoplastica additiva oppure una mastopessi rispetto ad un chirurgo plastico (o estetico) che faccia principalmente quello.

Stabilito questo, è importante anche che tu sappia che non tutte le scuole di specializzazione in chirurgia plastica sono equiparabili nell'insegnare la chirurgia estetica. Ci possono essere gap molto ampi tra una scuola e un'altra (lo spiego meglio tra poco). Quindi la questione della specializzazione è un punto sicuramente importante, ma assolutamente non sufficiente. È lo stesso discorso che si può applicare a qualsiasi altra categoria professionale. Avere la qualifica di avvocato o architetto, per fare due esempi, non è sufficiente a dire che si è dei bravi avvocati od architetti. Si deve guardare oltre e considerare altri aspetti più rilevanti. Che ti spiego a seguire.

2. Cominciando dai maestri avuti, i quali sono altresì molto importanti. Ci si ricollega un po' alla scuola di specializzazione. La chirurgia, in tutte le sue specializzazioni, ha un'importante variabile esperienziale. I libri e le esercitazioni teoriche post-universitarie sono solo la prima

parte di un percorso. Tuttavia è certamente la pratica al tavolo operatorio come primo operatore (non solo come aiuto chirurgo), seguiti da vicino da un chirurgo di valida e accertata esperienza, a fare la vera differenza. Cosa che dovrebbe accadere in ogni scuola di specialità chirurgica, in realtà. Ma non è sempre così, purtroppo. Il problema è che quest'ultima specifica informazione, benchè molto importante per valutare la formazione di un chirurgo, è difficilmente estrapolabile dal paziente nelle proprie ricerche.

Per quel che mi riguarda posso solo riprendere un poco quello che ti ho già esposto nella introduzione di questo libro. Sarò sempre grato per aver potuto beneficiare della fortuna e dell'onore di potermi formare nella Scuola del Professor Ivo Pitanguy, indiscusso e riconosciuto Maestro della Chirurgia Plastica ed Estetica a livello mondiale per oltre 50 anni.

Scuola di specialità in cui chi operava, anche gli interventi più complessi di chirurgia estetica (es. rinoplastiche o facelift), erano i medici specializzandi supervisionati tutto il tempo da istruttori (chirurghi già formati e con larga esperienza in chirurgia estetica). Cosa che ho visto verificarsi raramente nelle varie scuole di specialità che mi è capitato di visitare in giro per il mondo.

3. Il terzo punto, forse il più importante, è l'esperienza post

specializzazione. Essa è determinata da due variabili:

A. Gli anni di pratica, per cominciare. La medicina non è una scienza esatta. Il nostro corpo, per quanto sia una macchina ben fatta, presenta una buona variabilità individuale. Ne consegue che non ci saranno mai due casi uguali, nemmeno se la chirurgia è la stessa e risolve le medesime richieste.

   È per questo che gli anni di esperienza sono così fondamentali. Permettono al chirurgo di vedere un maggior numero di casi (complicazioni incluse), rendendolo pronto a risolvere in modo celere tutte le eventualità e imprevisti che possano concretizzarsi in sala operatoria. Correlata all'esperienza è poi la capacità di decidere quando non operare. Altra qualità di estrema importanza che un chirurgo deve avere.

B. Numero di casi trattati. Non solo è importante aver iniziato già da qualche anno ma anche aver lavorato con intensità durante questi anni. Riuscendo quindi a poter basarsi su una casistica personale sostanziosa.

Queste informazioni dovrebbero essere reperibili abbastanza facilmente con qualche ricerca online. Di solito disponibili nel sito del professionista. Avendo fiducia nel fatto che i dati forniti rispecchino fedelmente la realtà. Del resto, oltre a quello è difficile andare.

4. Come quarto punto direi la qualità dei prodotti e degli ausili utilizzati. La chirurgia in sé, per molti rappresenta il raggiungimento di un sogno, l'avverarsi di un desiderio.

Lo è, ma solo grazie a un chirurgo capace di trovare:
1. la giusta tecnica per approcciare e risolvere il problema che ha molto a che fare con l'esperienza acquisita, come suggerito poco fa.
2. I giusti ausili capaci di assecondare al meglio l'atto chirurgico e adattarsi il più possibile al corpo umano. Un esempio significativo sono proprio le protesi del seno. Ne abbiamo parlato abbondantemente in questo libro.

5. Infine aggiungerei una dote particolare, di solito poco o per nulla considerata, ma di vitale importanza. La capacità di spiegare e mostrare il proprio operato con parole semplici e fotografie esplicative. Possibilmente varie, per l'intervento scelto. Proprio così, saper comunicare è essenziale. E a proposito della comunicazione consiglierei di prestare attenzione ad alcuni aspetti, durante il primo incontro, che dovrebbero far nascere almeno un qualche dubbio al paziente, nel caso si verificassero:

- Una visita sbrigativa e frettolosa senza dare l'opportunità di porre domande.
- Il non discutere delle possibili complicanze. Oppure, peggio ancora, il sostenere di non averne.

- Una certa arroganza nel modo di porsi.
- Un segnale molto negativo poi è il parlare male dell'operato di un altro chirurgo. Al netto della questione di etica professionale con riferimento al rispetto tra colleghi, è un chiaro segnale di insicurezza. Si cerca di far percepire la propria presunta competenza e superiorità sulla base del contrasto tra se stessi (colui che ben opera) e un collega (colui che ha risultati poco brillanti). Quando invece le proprie qualità professionali dovrebbero emergere ed essere percepite in quanto tali, nella loro essenza. Come un valore intrinseco assoluto. E non definite e messe più o meno in rilievo dal rapporto con altri. È necessario che il paziente capisca a cosa sta andando incontro durante la chirurgia e nel post-operatorio, i pro e i contro. Da parte del paziente, se durante la visita pre-operatoria non si riesce a stabilire facilmente un rapporto empatico di fiducia col chirurgo, è certamente meglio lasciare perdere.

Importante poi che ci sia allineamento per quel che concerne il cambiamento ottenibile. Non abbiamo tutti lo stesso gusto estetico. Uno dei compiti più delicati del chirurgo è infatti quello di decidere se la richiesta del paziente sia un qualcosa di proponibile ed eseguibile in sala operatoria, con una aspettativa di un bel risultato. Altrimenti, in questo caso, è il chirurgo che dovrebbe evitare di cimentarsi.

RIEPILOGO DEL CAPITOLO 7:

- SEGRETO n. 1: Esistono due forme di anestesia per la chirurgia estetica del seno: generale e loco-regionale con sedazione profonda

- SEGRETO n. 2: L'anestesia ha molte similitudini col volo aereo. Incluso il fatto che è una procedura altamente sicura.

- SEGRETO n. 3: La paura dell'anestesia, benché comprensibile, non è supportata da alcuno studio statistico.

- SEGRETO n. 4: I drenaggi dopo una mastoplastica additiva non sono necessari. Non riducono le possibilità di avere un ematoma. Sono però una fonte di fastidio e disagio per il paziente.

- SEGRETO n. 5: Dopo una riduzione di seno e una mastopessi potrebbero avere più senso. Tuttavia il chiudere gli spazi morti chirurgici con suture interne ne elimina la loro possibile necessità.

- SEGRETO n. 6: Il corpo umano è un conglomerato di asimmetrie. Il seno non fa eccezione.

- SEGRETO n. 7: La bellezza è associata all'equilibrio e armonia delle forme. Non alla loro perfezione e simmetria

- SEGRETO n. 8: È dovere del chirurgo occuparsi solamente delle asimmetrie più grossolane. Per quelle minime può essere controproducente.

- SEGRETO n. 9: Risparmiare nel pianificare il proprio intervento significa compromettere inevitabilmente la qualità.

E quindi aumentare i rischi.

- SEGRETO n. 10: Andare all'estero per operarsi dove magari non si parla nemmeno la lingua del posto è un azzardo. Potrebbe anche andare bene. Tuttavia in caso di complicanze si è spesso lasciati soli.

- SEGRETO n. 11: L'aver ottenuto una specializzazione in Chirurgia Plastica ed Estetica in Italia o all'estero, benché sia un requisito importante, non è sufficiente.

- SEGRETO n. 12: L'esperienza sul campo, in termini di anni di lavoro e casi eseguiti, è un aspetto sicuramente più determinante.

- SEGRETO n. 13: Se non si riesce a stabilire un rapporto di fiducia col chirurgo durante la prima visita, è meglio cercare altrove.

Conclusione

Complimenti! Eccoti arrivata/o alla fine di questo viaggio attraverso quelle che sono le possibili applicazioni della chirurgia estetica quando il chirurgo si pone davanti a esso con l'idea di abbellirlo.

Hai visto cosa comporti aumentarne i volumi con la mastoplastica additiva. Ti ho spiegato le due modalità per farlo: le protesi di silicone e l'uso del grasso. Facendoti capire, spero chiaramente, quale siano i vantaggi delle une rispetto all'altro. A meno che le due modalità non vengano usate in combinazione in quella che è chiamata mastoplastica additiva ibrida. In questo caso i vantaggi di ciascuna tecnica vanno a complementarsi a vicenda, potenziandosi.

Ci siamo poi addentrati insieme in quello che è il mondo delle protesi e cosa queste comportino. Sondandone anche i rischi, pur molto limitati, soprattutto se si è saggi nella loro scelta. Sono sicuro che ti sia arrivato il messaggio che non tutte le protesi sono uguali. E quanto sia importante fare la giusta scelta in termini di qualità.

Un altro tra i punti più importanti che abbiamo toccato, se non il più importante, è quello di perseguire la naturalità del risultato. Questo vale certamente per tutti e tre i tipi di chirurgia estetica del seno che hai imparato a conoscere. Tuttavia estenderei questo concetto, a cui tengo molto, anche a tutte le altre forme di chirurgia e medicina estetica.

Per quel che concerne la mastoplastica additiva, il lavoro sostanziale che si deve fare a questo proposito è quello della corretta scelta della protesi e della sua appropriata copertura in modo che essa sia poco percepibile. È questa la chiave per ottenere un risultato naturale. Vale a dire un risultato che non faccia arrivare a dire a chi osserva che si ha un "seno rifatto".

Abbiamo poi visto insieme cosa succede quando il seno perde tono e inizia a scendere. Ti ricorderai quindi le varie situazioni in cui questo cambiamento è più facile che avvenga. Ormai sai anche che l'intervento per correggere un seno cadente è la Mastopessi. Chirurgia piuttosto delicata per via di una qualità della pelle deteriorata dagli eventi della vita.

C'è poi il gruppo di donne che ha avuto in dono un seno grande naturalmente. Sebbene, a una valutazione molto superficiale, uno potrebbe dire che si tratti di donne "fortunate", ho cercato di portarti a una conoscenza più profonda della questione. Mettendo luce sui vari aspetti che possono limitare la vita delle donne "maggiorate" in modo veramente sostanziale. Tanto che la chirurgia per ridurre la mammella può essere per loro una sorta di autentico salvavita.

Esposte le tre possibili chirurgie estetiche del seno, abbiamo poi preso in esame vari aspetti e argomenti attinenti a queste chirurgie. Iniziando da un vademecum su come comportarti una volta eseguito l'intervento. Per continuare con approfondimenti che vanno dall'uso dei drenaggi alla naturale asimmetria del seno, per esempio. Ma abbiamo anche parlato della capacità di allattare dopo essere state operate, delle possibili rare complicanze, come anche di cosa ci sia dietro i costi di tali interventi nonchè di qualche consiglio nella scelta del chirurgo.

Ho cercato, insomma, di metterti a disposizione tutte le conoscenze che reputo necessarie a una buona e più profonda comprensione dell'argomento. Se il tuo intento fosse stato, semplicemente, quello di capirne maggiormente. Tuttavia lo reputo, ancora di più, un'ottima e valida guida se fossi già focalizzata su una di queste chirurgie, oppure dovessi un domani interessartene.

In modo tale che la tua eventuale scelta di intraprendere il cammino verso il tuo tanto desiderato cambiamento possa procedere con passo sicuro. Forte di una aumentata capacità di analizzare gli argomenti a riguardo con il corretto spirito critico. Anche in un terreno alquanto paludoso quale è l'informazione estrapolabile dal web. Che passa da un post di Facebook, per arrivare magari a un articolo mal scritto del tal giornale o rivista oppure a una opinione di qualche sedicente esperto/a che non ha mai preso in mano il bisturi.

Mi riterrei decisamente soddisfatto se il libro avesse contribuito a una tua migliore comprensione di questo mondo. Magari chiarendoti anche solo alcuni dubbi. Se poi ti fosse piaciuto e decidessi di lasciare una recensione, sarei felicissimo di leggerla e te ne sarei molto grato.

Ci tengo anche a dirti che, lo volessi, sarei certamente disponibile per approfondire e personalizzare i concetti esposti al tuo caso specifico. Ed eventualmente accompagnarti alla completa realizzazione del tuo sogno, tenendo fede ai fondamenti che mi sono stati insegnati e che ti ho esposto in questo libro.

Puoi certamente continuare a seguirmi nei canali social. In particolare, mi troverai qui:
Facebook: dott.renatozaccheddu
Instagram: renatozaccheddu

Potrai trovare molta altra informazione nel mio sito che aggiorno settimanalmente con nuovi contenuti disponibili nel blog "Digital Magazine".

Eccoti dunque il mio sito:
www.drzchirurgiaestetica.it

Direttamente da lì potrai inoltre contattarmi via email. Ma anche scrivendo a:
renato@drzchirurgiaestetica.it

Ricevo a Milano e a Parma.
Se volessi contattarmi telefonicamente, lo puoi fare al numero:
340.45.08.274 per Milano
349.82.13.116 per Parma